EL CAS DE CATALUNYA
APEL·LACIÓ A LES NACIONS UNIDES
A LA CONFERÈNCIA SOBRE ORGANITZACIÓ
INTERNACIONAL
San Francisco, Califòrnia
Abril, 1945
CONSELL NACIONAL CATALÀ
(Delegació als Estats Units)

THE CASE OF CATALONIA
APPEAL TO THE UNITED NATIONS
AT THE INTERNATIONAL ORGANIZATION
CONFERENCE
San Francisco, California
April, 1945
CATALAN NATIONAL COUNCIL
(United States Delegation)

EL CASO DE CATALUÑA
APELACIÓN A LAS NACIONES UNIDAS
EN LA CONFERENCIA SOBRE ORGANIZACIÓN
INTERNACIONAL
San Francisco, California
Abril, 1945
CONSEJO NACIONAL CATALÁN
(Delegación en los Estados Unidos)

MEMORIAL
1714

Llibres de l'Índex

EL CAS DE CATALUNYA. APEL·LACIÓ A LES NACIONS UNIDES, 1945
THE CASE OF CATALONIA. APPEAL TO THE UNITED NATIONS, 1945
EL CASO DE CATALUÑA. APELACIÓN A LAS NACIONES UNIDAS, 1945

© Editor, Presentació, Transcripció I Traduccions d'Andreu Marfull Pujadas, 2025

© D'aquesta Edició: Ediciones La Tempestad S.l., 2025

Primera Edició: Març De 2025

Imatge De Coberta:

Llibres De L'índex®
Carrer Pujades, 6 - Local 2
08005 Barcelona
Tel: 932 250 439
E-Mail: Info@Llibresindex.com
Www.llibresindex.cat

Memorial 1714
Plaça Del Fossar De Les Moreres 2-4. 08003 Barcelona
Www.memorial1714.Cat

Isbn: 979-13-99-0175-1-9

Sumari

Presentació

El 14 d'abril de 1945, tres membres del *Catalan National Council* als Estats Units d'Amèrica, en Josep Carner-Ribalta, en Josep Maria Fontanals i en Joan Ventura Sureda, presenten una apel·lació a San Francisco, des de Nova York, en motiu de la Conferència d'Organització Internacional de les Nacions Unides. S'inicia el 25 d'abril i, resultat d'aquesta Conferència, s'aprova la Carta constitutiva de l'Organització de les Nacions Unides (l'ONU). S'hi demana el dret a l'autodeterminació del poble de Catalunya, i va acompanyada d'una carta dirigida als governs dels Estats Units d'Amèrica, el Regne Unit, la Unió Soviètica i la Xina, com a promotors de la Conferència, sol·licitant la inclusió del cas de Catalunya en l'agenda de les Nacions Unides. S'hi diu:

Ara que s'escriurà definitivament una carta de les nacions del món per a una pau duradora, Catalunya no pot deixar passar aquesta oportunitat sense apel·lar a la justícia de les Nacions Unides per al seu degut reconeixement, no es doni el cas que es cometin nous i irreparables errors en el moment de la seva elaboració, i la seva llibertat nacional es posposi indefinidament.

I afegeixen:

Classificar la qüestió catalana entre els problemes interns de l'Estat espanyol és nomenar l'opressor de Catalunya com a jutge i jurat únic en un conflicte en què ell mateix és part contendent. Catalunya, o qualsevol altra nació oprimida, no pot esperar justícia del seu propi opressor.

L'apel·lació representa la posició més coherent amb l'esperit de la Carta Atlàntica, de 1941, consistent en que totes les nacions, siguin grans o petites, tenen el dret a exercir la seva lliure determinació, que inspira a la Carta aprovada a San Francisco i la creació oficial de l'ONU, el 24 d'octubre de 1945.

Els catalans de Nova York presenten aquesta apel·lació com a representants del govern català a l'exili i compten amb el suport de les entitats representants de 75.000 catalans expatriats al continent americà. Les delegacions de les nacions participants en aquesta conferència, i el seu secretari general, a qui s'envia una còpia, els reconeixen.

Quin va ser el seu efecte? En una primera carta, de part de l'Oficina d'Informació del secretari general de la Conferència, s'hi diu que, tot i acceptant l'apel·lació, "l'objectiu principal de la Conferència de San Francisco és formular la millor carta possible perquè una organització internacional mantingui la pau i la seguretat de totes les persones del món", i demana comprensió al respondre que no es preveu contemplar el problema català en aquesta reunió. Tanmateix, els tres signants de l'apel·lació responen, insistint en la necessitat de considerar el cas de Catalunya, i demanant revisar el text de l'esborrany de la Carta de les Nacions Unides, perquè no es confongui el cas d'un conflicte entre nacions amb un assumpte de jurisdicció interna d'un Estat. I, de nou, l'Oficina d'Informació respon, en aquesta ocasió amb aquestes paraules:

> Per a la disposició que escaigui fer, les vostres cartes, juntament amb el memoràndum titulat "El cas de Catalunya", seran posades a disposició de la Comissió Preparatòria que es preveu establir per servir durant el període provisional entre el tancament d'aquesta Conferència i primera reunió de l'Assemblea General proposada. Sembla que aquesta constitueix l'única resposta que es pot donar a la vostra sol·licitud en aquest moment.

El resultat fou, doncs, exitós. Per què no va tenir continuïtat, és un altre tema. Abans de parlar-ne, val la pena situar al lector en la història que l'acompanya.

L'arrel d'aquest Consell als Estats Units cal trobar-la al Casal Català de Nova York. Allà es troba el Centre Nacionalista Català de Nova York creat el 1920, on ja hi figuren dos dels membres destacats d'aquesta història, en Josep Maria Fontanals i en Joan Ventura i Sureda. Entre les gestions fetes, destaca el suport donat a en Francesc Macià, el 1925, per armar una rebel·lió catalana per fer fora de Catalunya el dictador Miguel Primo de Rivera (el pare del fundador de la Falange) des de Prats de Molló (a la Catalunya francesa). Però amb els anys canvien de nom. El 1939 se'ls coneix com a Comitè Català Antifeixista, i el 1940 apareixen com a Casal Català de Nova York, essent el nom popular que agrupa als catalans de la ciutat, que es manté fins el 1963. Així mateix, davant el Departament d'Estat dels Estats Units, des del 28 de març de l'any 1942 fins el 15 de setembre de 1945, passen a esdevenir, oficialment, la Delegació als Estats Units del Consell Nacional de Catalunya de Londres[1], presidit per en Carles Pi i Sunyer. El Consell de Londres es concep com a govern català a l'exili el mes de juliol de l'any 1940, quan es dissol el Govern de la Generalitat de Catalunya fins aleshores establert a França, després de la invasió d'Alemanya.

Els catalans de Nova York, empesos per la derrota dels republicans a Espanya, es van erigir com a agents al servei dels aliats, fidels als Estats

---

1   El Catalan National Council es tradueix, al català, com a Consell Nacional Català, però el seu nom, a Londres, és el de Consell Nacional de Catalunya.

Units d'Amèrica i líders de la propaganda antifeixista catalana en nom del govern català a l'exili.

Entre els seus membres, destaquen, en temps de la Segona República Espanyola, en Josep Anton Gibernau, que no apareix com a signant a l'apel·lació però fou un membre plenament actiu, a més de ser el Secretari de la Delegació dels Estats Units del Consell, i en Josep Carner-Ribalta. El primer fou cònsol del govern de l'Espanya republicana a Galveston, Texas, i treballà per a l'Ambaixada de Washington. Negocià activament el suport militar del govern nord-americà als republicans, en motiu de la Guerra Civil Espanyola, i, ja en temps de la Segona Guerra Mundial, serví a l'Office of Strategic Services (OSS). El segon fou una "mà dreta" de Francesc Macià des de l'alçament de Prats de Molló, així com el seu biògraf i el cap de premsa del Parlament de Catalunya, entre altres fets destacables. Amb aquesta trajectòria, s'entén per què la feina dels catalans als EUA no es limità a fer l'apel·lació. També van ser responsables (o participaren) de:

- La reconstrucció política (i clandestina) de la resistència catalana durant la Segona Guerra Mundial.
- Contactar Washington amb els catalans antifeixistes de tota Amèrica.
- Col·laborar amb la propaganda antifeixista a Amèrica Llatina des de Nova York, al servei dels EUA.
- L'espionatge a Nova York al servei dels EUA.
- Una aliança amb el govern basc a l'exili per a una eventual revolució a Espanya i la creació de respectius referèndums d'autodeterminació per a l'alliberament dels pobles basc i català.
- Ajudar a dissenyar un possible desembarcament forçat en platges catalanes a l'Operation Torch de 1942.
- Col·laborar amb el Departament d'Estat nord-americà per al potencial disseny d'una eventual invasió forçada d'Espanya, entre 1943 i 1944, així com la restitució d'un govern democràtic amb un reconeixement de la identitat plurinacional espanyola.
- Reconstruir el govern català des de Mèxic el 1944, per estar preparats per pressionar les Nacions Unides quan finalitzi la Segona Guerra Mundial i el general Franco es quedi sol, sense el suport de Hitler i Mussolini.

Aquesta lluita es mereix ser tinguda en compte, per aprendre del passat i posar en valor els protagonistes fins ara anònims d'aquest capítol de la història de la resistència i l'alliberament de Catalunya, i els catalans.

La documentació que ho acredita i permet refer aquesta història va romandre en mans privades fins que es va entregar a l'Arxiu Nacional de

Catalunya (o ANC) l'any 2018, i, des del 2021, se n'ha fet un procés de digitalització. En Josep Carner-Ribalta la va custodiar i son fill, en George Carner, seguint la voluntat de son pare, l'entregà a l'Arxiu amb la col·laboració d'en Víctor Castells.

Les fonts que documenten l'activitat dels catalans de Nova York i els detalls de l'apel·lació inclouen diversos llibres. A banda de la documentació original que es troba a l'ANC, hi ha els llibres *De Balaguer a Nova York passant per Moscou i Prats de Molló (Memòries)*, d'en Josep Carner-Ribalta (Edicions Catalanes de París, 1972), reeditat el 2009 per Viena Edicions; i *L'any 2000, un repte per a Catalunya*, i *Catalunya i la política americana de Roosevelt a Reagan*, d'en Josep Anton Gibernau (El Llamp, 1982 i 1987). En Carner-Ribalta va deixar testimoni de la seva activitat, a l'igual que en Gibernau. Per altra banda, el llibre *Els catalans apel·len a les Nacions Unides: d'Utrecht a San Francisco passant per Nova York*, d'un servidor (Llibres de l'Índex, 2021), reordena aquest material i realitza una escrupolosa recerca de la documentació retrobada a l'Arxiu Nacional de Catalunya, i en reconstrueix la història amb bases documentades.

D'aquesta reconstrucció, en voldria destacar dos fets que em semblen cabdals: fins el 2020, quan començo a treballar amb aquesta documentació, no es sap (és absolutament desconegut) que els catalans de Nova York van erigir-se, entre 1942 i 1945, com a consellers del govern català a l'exili, als Estats Units i als ulls dels catalans a l'exili americà. Tampoc es coneix que el secretari general de la Conferència de San Francisco, a través de l'Oficina d'Informació, es va comprometre a posar el cas català a mans de la Comissió Preparatòria de la primera conferència oficial de l'ONU entesa com a organització internacional, encara que aquesta notícia fos publicada en una revista de Ciutat de Mèxic, *El Poble Català*, el setembre de 1945, en una edició especial dedicada a l'apel·lació.

Els catalans de Nova York van realitzar una ingent activitat, a l'ombra, propagandística i política, estant molt a prop del president del Govern basc a l'exili, en José Antonio Aguirre, amb qui van promoure l'autodeterminació dels pobles català i basc, l'any 1942, en complicitat amb en Carles Pi i Sunyer i en Josep Maria Batista i Roca, des de Londres. Van entendre que, amb en Franco, Hitler i Mussolini entre les cordes, quan es crea l'aliança de les Nacions Unides, de 1942, es tractava d'un moment històric únic, com mai abans havíem viscut els catalans, per reclamar el reconeixement nacional de Catalunya. I això els impulsà a no defallir, fins a fer realitat l'apel·lació. Van treballar al servei dels aliats amb plena dedicació, sempre pensant en la llibertat de Catalunya, aleshores sotmesa a una profunda repressió, com tot el catalanisme, massacrat i en bona mesura a la presó o a l'exili. Substituir aquesta frase per aquesta altra: Però l'apel·lació no va rebre el suport de Londres, quan més falta li va fer. Mentre s'enviava a San Francisco, es va reconstituir la Generalitat de Catalunya a l'exili i aquesta no es va fer seu el projecte de l'autodeterminació. Al seu torn, tal com es corrobora amb la documentació disponible, aquesta línia fou substituïda per una reclamació legalista que es posà a l'empara de la República Espanyola. A més, en Franco acabà fent-se valer davant l'ordre internacional. Aquests dos factors van provocar, per un costat, que l'apel·lació es relegués a l'oblit, i, per l'altre, que els seus protagonistes haguessin d'ocultar, als ulls del món, tot el què van viure, i aconseguir. Fins i tot, en Víctor Castells, a qui en Carner-Ribalta s'encarrega que li arribi aquesta documentació un cop mori perquè la faci pública, un cop la rep, no ho fa. No és fins que ens deixa, el 2018, que, per un atzarós destí, acaba de retruc a l'Arxiu Nacional, traspaperada entre altres documents. Però bé... això ja és una altra història. La qüestió és que, fins aleshores, ni s'entén què els va dur a presentar l'apel·lació, ni es valora -com es mereixen- el document i els seus autors. Els historiadors, davant el buidor documental i el silenci dels seus protagonistes, resultat d'una subtil i poderosa forma de censura, alimentada pel dubte i la precaució, no en parlen i, quan ho fan, li treuen importància. I això no és just.

Els catalans, tots nosaltres, i tota la gent d'esperit lliure que entenem les causes justes de les nacions oprimides o amenaçades per raons de dominació, mereixem conèixer aquesta història i la lliçó exemplar de lluita i determinació dels catalans de Nova York. Van saber llegir el pols de la geopolítica al més alt nivell i van entendre la poderosa força de l'ideal de la lliure determinació dels pobles que va conformar la Carta de les Nacions Unides. Van redactar un document que, més enllà de ser un testimoni extraordinari, va ser un projecte d'alliberament que encara té vigència al segle XXI com a guia en el camí cap a la plena llibertat dels pobles i l'establiment d'un ordre polític, econòmic, social i cultural internacional pel bé de tots, i per un futur que valgui la pena viure i treballar.

Andreu Marfull Pujadas
11 de març de 2025

Agraïments a en Josep Almeda i García, Guillem Carbonell i Armengol, Joan Creixell, Josepa A. Ivern i Prats, Josep Millàs i Estany, Jordi Miravet i Sanç, M. Antònia Oliver, Nemesi Solà i Franquesa, Lluís Torner i Pous, Albert Roqué i George Carner..

"EL CAS DE CATALUNYA"
Apel·lació a les Nacions Unides (1945)

Apel·lació a les Nacions Unides demanant el reconeixement internacional de la nació catalana i exercir el dret a la lliure determinació, que va presentar la Delegació als Estats Units del Catalan National Council (conegut en català com a Consell Nacional de Catalunya, de Londres) a la Conferència d'Organització Internacional que es celebra a San Francisco. Document publicat i distribuït en anglès, imprès a Nova York per Canals Press, amb data del 14 d'abril de 1945.

La documentació original de l'activitat de la Delegació als Estats Units del Catalan National Council es troba al Fons Josep Carner-Ribalta de l'Arxiu Nacional de Catalunya (ANC), Codi ANC1-279.

A continuació es transcriu la versió original traduïda al català, mantenint la composició editorial de l'obra original. Totes les notes a peu de pàgina que hi apareixen es troben al text original.

L'apel·lació està constituïda per una coberta, amb el seu índex, i tres documents:

- Carta als governs dels Estats Units, Regne Unit, Unió Soviètica i Xina, com a promotors de la Conferència de les Nacions Unides, sol·licitant l'admissió de l'apel·lació en les Nacions Unides.
- Apel·lació a les Nacions Unides.
- Apèndixs, amb informació sobre la història de Catalunya i les adhesions de les comunitats catalanes a Amèrica.

EL CAS
de
CATALUNYA

APEL·LACIÓ
a les NACIONS UNIDES

a la CONFERÈNCIA SOBRE ORGANITZACIÓ INTERNACIONAL

San Francisco, Califòrnia

Abril, 1945

CONSELL NACIONAL CATALÀ
(Delegació als Estats Units)

EL CAS
de
CATALUNYA

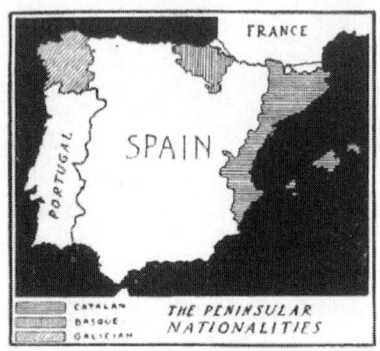

ÍNDEX

Als Estats Units d'Amèrica,
al Regne Unit de la Gran Bretanya i Irlanda del Nord,
a la Unió de Repúbliques Socialistes Soviètiques i
a la República de la Xina,
patrocinadors de la Conferència de les Nacions Unides
sobre Organització Internacional, a San Francisco.

En tant que Catalunya (malgrat la seva actual submissió sota Espanya) és una nació ben definida[1], com ho demostra la seva història, les seves característiques etnològiques, la seva llengua particular, la seva pròpia literatura i cultura, les seves lleis específiques, els seus costums i tradicions i, sobretot, la seva voluntat permanent i manifestada i el seu desig de recuperar la sobirania nacional;

En tant que Catalunya (degut a la seva condició de nació no reconeguda) no pot adherir-se a la Declaració de les Nacions Unides ni declarar la guerra a cap potència de l'Eix i així aconseguir l'admissió a la Conferència de San Francisco;

En tant que Catalunya, ocupada pels exèrcits feixistes del general Franco, no pot proclamar el seu estat de bel·ligerància *de facto* contra l'Eix ni obtenir el reconeixement oficial dels seus molts fills que actualment lluiten als exèrcits de les Nacions Unides;

En tant que Catalunya no es pot qualificar, en justícia, com a neutral ni legalment com una aliada, però tanmateix és una nació amiga que segueix estant ocupada pel nazifeixisme;

En tant que, d'altra banda, les institucions legals representatives de Catalunya han deixat d'existir (puix que el seu president, Lluís Companys, ha estat executat per Franco[2], i el seu Govern democràtic dissolt i anul·lat);

Nosaltres, doncs, en nom propi, com a membres del Consell Nacional Català[3] (Delegació als Estats Units), en nom de 75.000 catalans organitzats a l'hemisferi americà[4], i en nom del poble de Catalunya, la veu del qual ara està arrabassada,

D E M A N E M als patrocinadors de la Conferència de San Francisco:

---

1   Veure Apèndix Nº 1.
2   Hom ha de considerar que el President de Catalunya és el primer i únic cap d'una nació que ha estat executat pel feixisme nazi.
3   Veure Apèndix Nº 2.
4   Veure Apèndixs Nº 2a i Nº 2b.

QUE, ateses aquestes circumstàncies especials i la posició única de Catalunya, tenint en compte que Catalunya és una de les poques nacions que resten a Europa a les quals encara no s'han reconegut els drets nacionals, CATALUNYA SIGUI CONSIDERADA COM UN CAS ESPECIAL i com que no pot tenir representació legal ni participar plenament en els actes de la Conferència, LI SIGUI PERMÈS PRESENTAR I REGISTRAR LA SEGÜENT APEL·LACIÓ A LES NACIONS UNIDES davant els seus representants a San Francisco.[5]

Nova York, 14 d'abril de 1945

J. Carner Ribalta   J. M. Fontanals   J. Ventura Sureda
Membres de la Delegació als Estats Units
del Consell Nacional Català de Londres.
(*Registrats al Departament d'Estat, el 28 de març de 1942.*)

---

5   I respectuosament us demanem com a patrocinadors que tingueu a bé de cursar l'adjunta Apel·lació al president de la Conferència de San Francisco per tal que, al seu degut temps, sigui inclosa a l'Ordre del dia de la Conferència.

APEL·LACIÓ
A LES NACIONS UNIDES
EN NOM DE
CATALUNYA

La situació especial de Catalunya com a nació li impedeix tenir representants legals i assistir a aquesta Conferència per participar amb les Nacions Unides en la constitució d'una organització internacional per a la pau i la seguretat. Però és precisament davant la singular situació de Catalunya que hem decidit exposar el seu cas a la vostra atenció perquè els drets nacionals de 3.000.000 de catalans[1] siguin coneguts per totes les Nacions Unides i siguin justament considerats a la carta per un nou món.

No estem presentant un problema de fronteres o de reconstrucció política, de recuperació econòmica o qualsevol altra qüestió que no s'hagi d'atendre fins després que l'organització de la seguretat s'hagi instaurat. Presentem un cas a favor de la llibertat nacional, que exigeix una solució o si més no consideració mentre es duen a terme les negociacions sobre la seguretat.

Catalunya va existir com a nació lliure fins al 1714, quan finalment va ser incorporada per la força a l'Estat espanyol, i és una de les poques nacions que resten a Europa a les quals encara no s'han reconegut els drets nacionals. Això fa que el cas de Catalunya sigui gairebé un problema obsolet, sobretot perquè la majoria dels problemes sobre les nacionalitats europees es van resoldre suposadament a Versalles. Però el de Catalunya no fou resolt; les seves llibertats no es van restaurar al final de la Primera Guerra Mundial com les de les altres nacionalitats. És per això que presentem aquí el seu problema com un cas especial i com una qüestió que demana consideració i solució perquè la Carta que s'ha d'escriure per a la nova Europa no torni a ser un cop més una injustícia contra Catalunya.

D'alguna manera, la tan perllongada captivitat de Catalunya i el seu retardat alliberament es deuen, més que a derrotes militars, a reiterades dissorts diplomàtiques que ha patit Catalunya. L'any 1713, pel Tractat d'Utrecht, després d'una llarga guerra contra el seu opressor espanyol, els drets de Catalunya van ser repudiats pels seus propis aliats i sacrificats en favor de la política del poder i de qüestions de conveniència. L'any 1919, a

---

1   Pròpiament, les terres catalanes inclouen, a més de Catalunya, els vells reialmes de València i de Mallorca, així com també l'antic territori català del Rosselló, annexat a França. Això constitueix la "Gran Catalunya", amb un total de població de gairebé 6.000.000, on l'idioma català és parlat arreu.

Versalles, malgrat els 18.000 voluntaris que Catalunya aporta als exèrcits aliats, els drets de la nostra infortunada nació es van tornar a passar per alt. L'any 1924, a Ginebra, a causa de les clàusules defectuoses del Pacte de la Lliga, i de la presència d'Espanya a la Societat de Nacions, que va fer impossible l'exigit vot d'unanimitat d'aquestes qüestions, la Societat de Nacions ni tan sols va poder considerar les demandes de llibertat de Catalunya. L'any 1937, a la conferència de Nyon, es van desatendre els drets de Catalunya però, en canvi, es va considerar vàlida la reivindicació d'Itàlia sobre "el dret a intervenir a Espanya per impedir la constitució d'una República catalana independent".[2]

Aquesta indiferència diplomàtica tradicional envers a les reivindicacions de Catalunya no ha de fer creure ningú que el cas català no té cap relació amb el manteniment de la pau i la seguretat permanents a Europa. La "qüestió catalana" ha estat en el fons de bona part del malestar i de les convulsions polítiques a la península Ibèrica durant els darrers tres segles, i mai hi ha hagut cap poder o força agressiu a Europa que no hagi intentat, en algun moment, especular sobre el descontentament català per potenciar o assegurar l'èxit dels seus plans. A tall d'exemple, esmentarem que durant el període de la Revolució Francesa, Robespierre en persona, amb l'objectiu d'aconseguir Catalunya a la seva causa, va visitar Barcelona amb la "Constitució de Catalunya" redactada en el seu maletí. Tot just un quart de segle després, Napoleó Bonaparte, per tal d'assentar-se a la Península, va crear realment "l'Estat Català" i va intentar establir un govern català separat del regne d'Espanya. En els darrers temps, en la geopolítica d'Alemanya[3] per a l'àrea mediterrània, la Catalunya Gran (és a dir, l'antic Regne Català o els actuals territoris de Llengua Catalana -Catalunya, València, Catalunya Francesa i Balears) havia de tenir un gran paper contra França i el seu imperi africà, tot i que Catalunya no acceptava el "Nou Ordre" del nazisme. Com a prova final de la importància de Catalunya en l'estabilitat d'Europa, qualsevol estadista ben informat i perspicaç admetrà que, tret que es resolgui satisfactòriament el problema nacional de Catalunya, mai hi haurà pau i ordre reals a la península Ibèrica.[4]

2   A. B. Keith, "The King, the Constitution, the Empire, and Foreign Affairs", 1936-7 pp. 166-167.

3   "Spaniens Tor zum Mittelmeer und die katalanische Frage", Franz Pauser (Teubner, Leipzig und Berlin, 1938). (Veure Apèndix n.º2b).

4   Veure Apèndix Nº 3.

Ara que s'escriurà definitivament una carta de les nacions del món per a una pau duradora, Catalunya no pot deixar passar aquesta oportunitat sense apel·lar a la justícia de les Nacions Unides per al seu degut reconeixement, no es doni el cas que es cometin nous i irreparables errors en el moment de la seva elaboració, i la seva llibertat nacional es posposi indefinidament.

A l'apel·lar, per justícia, Catalunya vol manifestar les seves plenes aspiracions i tot l'abast dels seus drets. Demanem sincerament que aquesta Conferència no cometi el mateix error de la Conferència de Pau de Versalles, que va desestimar les demandes de Catalunya amb l'erroni argument que es tractava d'un mer cas d'autonomia, a atorgar per Espanya, i, com a problema intern, un "conflicte familiar" a resoldre dins l'Estat espanyol. Tampoc podem permetre que les Nacions Unides jutgin els drets de Catalunya amb la mateixa base que la Societat de Nacions que els qualificava com un simple problema d'una minoria dins d'Espanya. Catalunya és una nació i ha de ser reconeguda com a tal abans que qualsevol organització regional es pugui establir a Espanya, la Península Ibèrica, el continent d'Europa, o el món alliberat.

No cal cansar la vostra atenció detallant les raons històriques, ètniques, lingüístiques i culturals que demostren les característiques nacionals de Catalunya; ni hem de presentar cap llista de totes les persecucions i opressions de les quals és i ha estat víctima. Tampoc creiem necessari aportar proves de la seva determinació i voluntat cada cop més gran de tornar a viure com una nació lliure. Ni tan sols cal assenyalar que la seva lluita per la llibertat ha continuat al llarg dels segles. L'any 1640, en el primer intent envers la seva llibertat, Catalunya va lluitar contra Espanya (Guerra de Secessió) i va proclamar la República Catalana; l'any 1714, després que els seus drets nacionals fossin menystinguts a Utrecht, Catalunya va continuar lluitant contra Espanya i França, fins i tot després d'haver estat abandonada pels seus aliats (Anglaterra, Àustria, Portugal i Holanda); l'any 1931, Catalunya va liderar, a la Península, la revolta democràtica i civil contra la Monarquia Borbònica, va proclamar la República Catalana[5] i va fer possible la República Espanyola; l'any 1931, Catalunya va organitzar un plebiscit nacional en què el 98% de la població va proclamar la voluntat d'autogovern de Catalunya; l'any 1934, després de caure la República Espanyola en mans dels feixistes i les forces reaccionàries, Catalunya s'aixecà per la democràcia i la llibertat nacional i va proclamar l'Estat Català com

---

5   Veure Apèndix Nº 4.

a part de la Confederació de Nacions Ibèriques[6]; l'any 1936, amb el cop nazifeixista de Franco i la Falange, Catalunya esdevingué el baluard de l'antifeixisme i alhora lluita per la seva llibertat nacional. Hi ha, però, una qüestió que s'hauria d'exposar aquí ben clarament per tal d'acabar amb tots els possibles malentesos. Ens referim al caràcter permanent i inalterable del problema català. En altres paraules, els termes bàsics de les aspiracions catalanes no canvien amb l'existència d'un règim més o menys liberal a Espanya, ni tampoc amb un major o menor grau de persecució de l'opressió. Per exemple, les aspiracions de Catalunya són independents de l'existència o inexistència de Franco a Espanya. Catalunya ha estat una nacionalitat oprimida sota la Monarquia, la República Espanyola i Franco.[7] L'eliminació de Franco *per si sola* no resoldrà el problema nacional català, de la mateixa manera que no es va resoldre només amb l'enderrocament de la Monarquia borbònica. Catalunya lluita contra Franco i intenta enderrocar el seu règim feixista, i amb el mateix esperit lluita per la destrucció de Hitler i Hirohito. Franco és l'actual tirà de Catalunya, però en la doble funció de representant del nazifeixisme i representant de l'Estat unitari espanyol. La substitució de Franco alliberarà Catalunya del nazifeixisme però no alliberarà Catalunya de l'opressió espanyola.

Això ens porta al perill real de qualsevol "solució" catalana realitzada sota la llum de la rutina i l'equívoc. Per aquest motiu apel·lem aquí a les Nacions Unides abans que es prengui cap decisió i cap compromís respecte a Espanya. Massa gent creu erròniament que el cas català és només un problema espanyol. No és així. Hi ha una tendència a classificar la qüestió catalana entre els problemes interns d'Espanya. El conflicte entre Catalunya i Espanya, com qualsevol problema entre una nacionalitat oprimida i el seu opressor, ha estat sempre de caire internacional. Catalunya no és un conflicte espanyol sinó un problema europeu. En aquests termes, els problemes de les altres nacionalitats europees es van resoldre a la taula de pau de Versalles.

Classificar la qüestió catalana entre els problemes interns de l'Estat espanyol és nomenar l'opressor de Catalunya com a jutge i jurat únic en un conflicte en què ell mateix és part contendent. Catalunya, o qualsevol altra nació oprimida, no pot esperar justícia del seu propi opressor.

Com mostra la història, ni tan sols una Espanya liberal i democràtica, del tipus de la República Espanyola, és capaç de resoldre el problema na-

---

6   Veure Apèndix Nº 5.
7   Veure Apèndix Nº 6.

cional català.[8][9] La majoria dels dirigents i estadistes de l'antiga República Espanyola viuen en la noció errònia que els principis i les clàusules de la Carta Atlàntica s'apliquen a l'Estat espanyol però no a Catalunya i a les altres nacionalitats incorporades per la força a l'Estat espanyol.

Per tant, Catalunya no pot acceptar la premissa que la seva llibertat nacional s'ha d'identificar i confondre amb el problema de la restauració de la democràcia i del règim republicà a Espanya. En el seu moment, les Nacions Unides hauran d'enfrontar-se al problema espanyol, i Catalunya ajudarà amb totes les seves forces a resoldre'l, però la seva denominació i solució no té relació directa amb el problema de la llibertat nacional de Catalunya. Que ningú malinterpreti aquesta afirmació. Catalunya té un interès vital per l'Espanya democràtica.[10] 150.000 joves catalans van morir a la Guerra Civil Espanyola per erradicar el feixisme d'Espanya i assegurar la subsistència de la democràcia a la península Ibèrica. Però és com a catalans que el poble de Catalunya vol participar en el benestar del bloc de pobles ibèrics.[11] Volen que els seus drets com a nació siguin reconeguts, perquè Catalunya, a través de l'autodeterminació, sigui lliure d'incorporar-se a la reorganització política de la Península. Un cop lliure i degudament reconeguda com a nació, Catalunya estarà en condicions de plantejar-se, per exemple, una Confederació d'Estats Ibèrics, sobre la base de la igualtat de drets i l'associació voluntària, en la qual podrien participar catalans, bascos, gallecs, espanyols i portuguesos.

D'altra banda, estant Catalunya absolutament identificada amb la causa de les Nacions Unides -en els exèrcits de les quals lluiten tants dels seus fills en tots els fronts- es declara disposada a acceptar els sacrificis que li pugui exigir la reorganització d'Europa, per més gelosa que sigui de la seva sobirania i llibertat com a nació.

En resum, Catalunya

D E M A N A de les Nacions Unides:

a) QUE el seu cas endarrerit d'alliberament nacional sigui, a partir d'aquest moment, programat com un que necessita solució immediata.

---

8   El 1932, la República Espanyola concedí a Catalunya un Estatut d'Autonomia, considerablement retallat de la voluntat expressada per Catalunya a través d'un referèndum. L'Estatut, naturalment, demostrà ésser insuficient.
9   Veure Apèndix Nº 7.
10 Veure Apèndix Nº 8.
11 Íd.

b) QUE la seva demanda d'autogovern sigui presentada per a una solució immediata d'acord amb els principis i les clàusules de la Carta Atlàntica, amb independència de qualsevol solució regional contemplada per a Espanya.

c) QUE la seva posició en l'organització política d'Espanya sigui decidida per ella mateixa, mitjançant plebiscit dels catalans nacionals, després del reconeixement de la seva condició de nació.

d) QUE qualsevol altra desavinença o disputa entre Catalunya i Espanya sigui sotmesa a audiència davant el Consell de les Nacions Unides o la Cort Internacional de Justícia en nom seu.

En presentar la seva reclamació d'alliberament nacional davant aquesta Conferència i davant l'opinió pública internacional, Catalunya espera justícia de les Nacions Unides.

Nova York, 14 d'abril de 1945

J. Carner Ribalta   J. M. Fontanals   J. Ventura Sureda
Membres de la Delegació als Estats Units
del Consell Nacional Català de Londres.
(Registrats al Departament d'Estat, el 28 de març de 1942)

EL CAS DE CATALUNYA
APÈNDIXS

EXISTÈNCIA DE LA NACIÓ CATALANA A TRAVÉS DELS TEMPS
(El seu status *nacional d'ençà el segle VIII)*

- Dos segles sota la dependència dels emperadors francs.
- Quatre segles d'independència nacional.
- Tres segles d'unió amb Espanya mitjançant un pacte (1469).
- Dos segles de dominació castellana per dret de conquesta (1714).
- Quatre anys d'autonomia limitada i insuficient, garantida per la República Espanyola l'any 1932.
- Sis anys sota la dominació feixista i sotmesa absolutament a Espanya a través de Franco (1939).

APÈNDIX N° 2
EL CONSELL NACIONAL CATALÀ
Fundat a Londres, l'any 1940, els seus membres són:

PRESIDENT:		Carles Pi-Sunyer
CONSELLERS:	(a Londres)	Josep M. Batista i Roca
		Dr. Josep Trueta
		Fermí Vergès
		Ramon Parera
	(els E.U.A.)	J. Carner Ribalta
	(a Mèxic)	Josep Carner
		Josep Tomàs i Piera
		Baltasar Samper
		Ferran Zulueta
		Dr. Salvador Armendares
		Dr. F. Paniello
	(a Cuba)	J. Conangla i Fontanilles
	(a Colòmbia)	Dr. Antoni Trias
		Joan de Garganta
	(a Bolívia)	Dr. Santiago Pi-Sunyer
	(a Argentina)	M. Serra i Moret
		H. Nadal i Mallot
	(a Uruguai)	F. Bergós Ribalta
	(a Catalunya)	X (un membre del moviment clandestí "Front Nacional Català")

APÈNDIX Nº 2a

CATALANS ORGANITZATS EXILIATS QUE HAN AUTORITZAT LA DELEGACIÓ DELS ESTATS UNITS DEL CONSELL NACIONAL CATALÀ A PRESENTAR LES ASPIRACIONS NACIONALS DE CATALUNYA A LES NACIONS UNIDES

ARGENTINA:

Casal de Catalunya..Buenos Aires
Associació Mutualista Montserrat..Buenos Aires
Protectora Ensenyança Catalana..Buenos Aires
Comitè Llibertat..Buenos Aires
Radio "Hora Catalana"..Buenos Aires
Revista "Ressorgiment"..Buenos Aires
Casal Català...Córdoba
Centre Català...Rosario
Centre Català...La Plata
Centre Català...Bahía Blanca
Grup Patriòtic Català...Mendoza
Societat Catalana d'Estudis Socials Econòmics i Polítics........Buenos Aires

XILE:

Agrupació Patriòtica..Santiago
Centre Català...Santiago
Revista "Germanor"...Santiago
Hora Radial Catalana...Santiago
Auxili Mutual...Santiago
Revista "Noticiari Català"...Santiago
Grup Escènic Vilanova...Santiago
Orfeó Català...Santiago
Grup Esportiu Barcelona...Santiago
Centre Català...Valparaíso
Centre Català...Concepción
Delegació de la Comunitat Catalana...Valdivia
Delegació de la Comunitat Catalana...Cautin
Delegació de la Comunitat Catalana...Curico
Delegació de la Comunitat Catalana...Linares

COLÒMBIA:

Comunitat Catalana...Bogotà
Comissariat Ensenyança Catalana...Barranquilla

COSTA RICA:

Comunitat Catalana...San José

CUBA:

El dos de març de 1943, la delegació dels Estats Units del Consell Nacional Català va enviar el telegrama següent a les organitzacions esmentades abans i residents a l'hemisferi americà:

"EN PREVISIÓ DE POSSIBLES EMERGÈNCIES QUE ES PUGUIN PRESENTAR AVIAT ÉS URGENT QUE ENS TELEGRAFIEU LA VOSTRA AUTORITZACIÓ PER A PRESENTAR DAVANT LES NACIONS UNIDES, EN NOM DELS GRUPS DEL VOSTRE TERRITORI, LES ASPIRACIONS NACIONALS DE CATALUNYA"

(Les respostes a continuació: traducció de cables i cartes)

De Santiago de Xile:
ELS CATALANS DE XILE AUTORITZEM PLENAMENT A LA VOSTRA DELEGACIÓ A ACTUAR EN NOM NOSTRE DAVANT LES CANCELLERIES. (Signat: Agrupació Patriòtica, Centre Català de Santiago, Centre Català de Valparaíso, Centre Català de Concepción, Delegacions de Valdivia, Cautin, Curico i Linares, Revista "Germanor", Hora Radial Catalana, Auxili Mutual, Revista "Noticiari Català", Grup Escènic E. Vilanova, Club Esportiu Barcelona).

De Mèxic, ciutat:
EN RESPOSTA AL VOSTRE TELEGRAMA, AUTORITZEM PLE-NAMENT LA VOSTRA DELEGACIÓ A REPRESENTAR-NOS DA-VANT LES CANCELLERIES EN EL PLANTEJAMENT DEL NOSTRE PROBLEMA SEGONS LES BASES DEL CONSELL NACIONAL. (Signat: Tomàs i Piera, President Comunitat, Aymamí, Director de "Poble Català").

TOTS ELS NOSTRES AMICS S'ADHEREIXEN AL MOVIMENT DE LES COMUNITATS CATALANES I DONARAN SUPORT A LES ACCIONS QUE PORTAREU A TERME D'ACORD AMB LES INSTRUCCIONS DEL CONSELL DE LONDRES. (Signat: Acció Catalana, Bosch, Peypoch).

ESTAT CATALÀ US AUTORITZA A REPRESENTAR-LO DAVANT LES CANCELLERIES PER TAL QUE ES RECONEGUI COMPLETA-MENT LA SOBIRANIA NACIONAL CATALANA QUE ES DEMANA. (Signat: Marcel·lí Perelló).

L'ASSEMBLEA DEL SECRETARIAT DE L'ESQUERRA REPUBLICANA DE CATALUNYA (MEMBRE DE LES COMUNITATS CATALANES D'AMÈRICA) AUTORITZA LA VOSTRA DELEGACIÓ A REPRESEN-TAR-LA DAVANT LES CANCELLERIES EN LA PRESENTACIÓ DEL PROBLEMA NACIONAL CATALÀ D'ACORD AMB EL CONSELL DE LONDRES. (Signat: Joan Loperena, Secretari).

EL SECRETARIAT DE LA UNIÓ GENERAL DE TREBALLADORS, QUE DONA SUPORT AL MOVIMENT DE REIVINDICACIÓ NACIONAL ENCAPÇALAT PER CARLES PI-SUNYER, PRESIDENT DEL CONSELL NACIONAL CATALÀ FUNDAT A LONDRES, ASSABENTAT QUE LA VOSTRA DELEGACIÓ SOL·LICITA L'AUTORITZACIÓ DELS GRUPS DE CATALANS A L'EXILI, US DEMANA QUE REPRESENTEU ELS MEMBRES DE LA UNIÓ GENERAL DE TREBALLADORS DE

CATALUNYA DAVANT LES CANCELLERIES. (Signat: Miquel Ferrer, Secretari General; Joan Fronjosà, Joan Gilabert, membres del Secretariat).

(Un telegrama del Partit Socialista Català signat per Ferrer, fou rebut considerablement mutilat pel departament de Censura. L'autorització fou confirmada més tard per carta.).

DE COLÒMBIA:

LA COMUNITAT CATALANA DE COLÒMBIA AUTORITZA LA DELEGACIÓ DE NOVA YORK DEL CONSELL NACIONAL CATALÀ A ACTUAR EN NOM SEU EN LA PRESENTACIÓ DEL PROBLEMA CATALÀ. (Signat: Antoni Trias).

COMISSARIA DE LA DELEGACIÓ D'ENSENYANÇA DE LA CO-MUNITAT PREGA AL CONSELL NACIONAL DE LONDRES A NOVA YORK A PRESENTAR EL PROBLEMA NACIONAL. (Signat: Solé Pla, Vinyes, Rabat).

DE CUBA:

EN RESPOSTA A LA VOSTRA CARTA, ENS PLAU AUTORIT-ZAR-VOS EN NOM DEL CENTRE CATALÀ, EL CLUB SEPARATIS-TA DE L'HAVANA I LA NOVA CATALUNYA, A REPRESENTAR-LOS EN LA PRESENTACIÓ DE LA CAUSA NACIONAL D'ACORD AMB EL TEXT DE LA DECLARACIÓ DEL CENTRE CATALÀ DE L'HAVANA DE L'AGOST DE 1943. (Signat: Josep Conangla, President. Carles Gubern, Director de "La Nova Catalunya", Joan Torres Picart, Secretari).

(En una carta rebuda de Santiago de Cuba, signada per S. Carbonell i J. Sais Julià, President i Secretari, respectivament, del Grup N. R. "Catalunya", diuen: "ENVIEM PLENA AUTORITZACIÓ EN EL BEN ENTÈS QUE ELS PRINCIPIS DE LA PLENA INDEPENDÈNCIA DE CATALUNYA SIGUIN ACATATS").

DE L'ARGENTINA:

US AUTORITZEM PLENAMENT A REPRESENTAR-NOS DAVANT LES NACIONS UNIDES EN L'EXPOSICIÓ DE LES ASPIRACIONS NACIONALS CATALANES. (Signat: Casal Catalunya, Associació Mutualista Montserrat, Protectora Ensenyança Catalana, Comitè Llibertat, Ràdio Hora Catalana, Revista "Ressorgiment", tots de Buenos Aires, i Casal Català de Córdoba, Centre Català de Rosario, Centre Català de La Plata, Centre Català de Bahía Blanca. Signat: Escolà, President, Joan J. Llorens, Secretari).

La Societat Catalana d'Estudis Econòmics de Buenos Aires va enviar una carta confirmant l'adhesió als continguts del telegrama enviat per la Comunitat Catalana de Buenos Aires, en el qual s'havia omès involuntàriament el seu nom. EN NOM DELS CATALANS DE MENDOZA, US AUTORITZEM A ACTUAR D'ACORD AMB EL VOSTRE PROGRAMA. (Signat: Grup Patriòtic Català, Francesc X. Cortada).

DE L'URUGUAI:
US AUTORITZEM A PRESENTAR EL NOSTRE PROGRAMA DA-VANT LES CANCELLERIES. (Signat: Casal Català, Hora Catalana, Associació Protectora Ensenyança Catalana).

DE LA REPÚBLICA DOMINICANA:
DONEM SUPORT QUALSEVULLA ACCIÓ EMPRESA PEL CON-SELL NACIONAL CATALÀ A LONDRES, D'ACORD AMB LA POLÍ-TICA PORTADA A TERME FINS ARA PEL CONSELL ESMENTAT. (Signat: Eduard Barba, Secretari del Club Català).

DE COSTA RICA:
ELS CATALANS ENS ESTEM ORGANITZANT A COSTA RICA, ENVIAREM AUTORITZACIÓ EN EL MOMENT OPORTÚ. (Signat: Silvestre Isern).

DE L'EQUADOR:
AUTORITZEM A LA DELEGACIÓ DE NOVA YORK. (Signat: L. Vidal Guitart, delegat del Consell Nacional Català a Guayaquil).

DE VENEÇUELA:
ELS CATALANS ENS ESTEM ORGANITZANT A CARACAS, ENVIO AUTORITZACIÓ EN EL SEU NOM. (Signat: Dr. August Pi-Sunyer).

DE GUATEMALA:
EN NOM DE LA COLÒNIA CATALANA DE LA CIUTAT DE GUA-TEMALA, AUTORITZO LA DELEGACIÓ DE NOVA YORK A REPRESENTAR-LA. (Signat; Enric Segura Guardiola).

APÈNDIX Nº 2b
IMPORTÀNCIA DELS CATALANS A L'AMÈRICA LLATINA
D'un informe del Bureau of Latin American Research, 1714 Rhode Island Avenue, N. W. Washington, D. C. núm. M-12, 22 de juny del 1942:

NOTES SOBRE ELS CATALANS A L'AMÈRICA LLATINA
(Organitzacions i Publicacions)

NOTA INTRODUCTÒRIA

Waldo Frank, al seu llibre *Virgin Spain*, escriu que "el català d'Espanya és un foraster a casa seva". Aquesta veritat sovint es passa per alt o no s'entén, i la gent es pregunta per què quan a un natural de la província de Catalunya se li demana la seva nacionalitat respon "català" i no "espanyola".

La "Qüestió Catalana", igual que la "Qüestió Basca", ha estat durant molt de temps una de les principals preocupacions dels successius governs espanyols, però no fou fins al final de la Guerra Civil espanyola que el problema català va tenir cap transcendència en els afers interamericans. La seva extensió a l'Amèrica Llatina ha estat provocada per l'arribada allà de milers de refugiats catalans, que, tot i ser súbdits espanyols, mantenen la seva individualitat catalana per mantenir l'estudi dels seus grups independentment dels elements espanyols a l'Amèrica llatina.

Els catalans de l'Amèrica Llatina, aproximadament uns 75.000, són quasi tots membres de centres catalans o d'entitats culturals. Tots són militants antifeixistes, perquè el feixisme representa la negació de la seva autonomia regional, i també és contrari a les tradicions liberals de Catalunya.

Les notes següents sobre Catalunya i la seva cultura s'han recollit en entrevistes a dirigents catalans a Nova York i, naturalment, donen el seu punt de vista sobre la "Qüestió Catalana". Es presenten aquí només per donar antecedents a l'activitat dels grups catalans a l'Amèrica Llatina i a les premisses sobre les què es fonamenten aquestes activitats. Aquest despatx no pronuncia de cap manera un judici sobre aquestes reivindicacions, per fer una anàlisi de la "Qüestió Catalana" seria convenient escoltar les diferents parts en conflicte.

HISTÒRIA POLÍTICA DE CATALUNYA

Catalunya esdevé una entitat nacional al segle XII. Des del segle XIII fins al XV Catalunya va assolir el cim de la seva esplendor política i cultural. Confederada amb l'Aragó, Catalunya va preservar la plena sobirania amb una dinastia autòctona i el rei català era el llaç d'unió entre els catalans i els aragonesos.

Catalunya va alliberar les Illes Balears dels sarraïns, així com les terres de València, que es van convertir en territori català. L'expansió catalana va continuar a Sicília, Sardenya, Nàpols, Grècia i Àsia Menor.

La decadència de Catalunya va començar l'any 1410 quan, amb la mort del rei català, Martí l'Humà, el tron catalanoaragonès va ser ocupat per un rei castellà, Ferran d'Antequera. El matrimoni de Ferran d'Aragó i Isabel de Castella va unir els dos grans regnes peninsulars. El descobriment d'Amèrica, possible amb els diners catalans i l'esforç català, es va dur a terme exclusivament en nom de Castella. Als catalans se'ls va prohibir la participació en la colonització del Nou Món i fins i tot se'ls va prohibir comerciar amb ell. Però cal destacar que alguns dels més grans missioners de la Fe i fundadors de missions van ser catalans, com per exemple Juníper Serra a Califòrnia i Sant Xavier a les Filipines.

Catalunya es va rebel·lar contra la creixent dominació de Castella el 1640 i de nou el 1714. Com a conseqüència d'aquesta segona guerra Catalunya va perdre les seves llibertats polítiques i es va integrar a la nació espanyola.

En els temps moderns, Catalunya va adquirir una nova consciència de la seva pròpia personalitat nacional. Al segle XX, a través d'un esforç cultural i polític persistent, Catalunya va obtenir la seva autonomia amb l'arribada de la República Espanyola el 1931. El triomf de Franco a Espanya ha enfonsat Catalunya en la submissió política.

LLENGUA I CULTURA CATALANES

La llengua catalana evoluciona a partir del llatí vulgar. Té la seva pròpia personalitat definida com a llengua romàntica igual que el francès, l'italià, el castellà, el portuguès i el romanès. Com a llengua popular és contemporània de les altres llengües neollatines, però com a llengua literària precedeix les altres per segles.

Els primers documents escrits en català daten del segle XI, i els primers textos literaris del XIII. Des del segle XIII fins al XV el català va ser utilitzat en tota la vida pública. Els "comtes-reis" de Catalunya i Aragó utilitzaven el català simultàniament amb el llatí en les relacions internacionals.

La primera filosofia en llengua popular està escrita en català. El Parlament de Catalunya va ser el més antic de l'Europa continental. La literatura i la ciència van florir en tots els seus aspectes amb l'ús del català. Ramon Llull, Arnau de Vilanova, Eiximenis i Sibiuda van ser pensadors catalans medievals. Andreu Febrer va ser el primer traductor de la "Divina Comèdia" i un dels grans poetes de l'antiguitat.

IMPORTÀNCIA ESTRATÈGICA DE CATALUNYA

La importància de Catalunya en les estratègies bèl·liques europees es discuteix en un llibret titulat "Plans de l'eix a la Mediterrània", publicat l'any 1939 per la London General Press, i prologat pel capità Lidell Hart.

Es veu que Alemanya vol crear una font de disturbis per a França a la frontera dels Pirineus, la frontera amb Catalunya, per obligar França a mantenir uns quants cossos armats al llarg d'aquesta frontera.

L'article fa referència a un llibre de Franz Pauser, anomenat "Spaniens zum Mittelmeer und die katalanische Frage", (Teubner, Leipzig i Berlín, 1938). El llibre forma part de la sèrie "Macht und Erde".

Pauser assenyala com Catalunya podria oferir una comunicació terrestre unint França amb el seu imperi africà, i escriu "Realment, la Gran Catalunya seria un pont terrestre cap a l'Àfrica i els seus recursos materials i humans. Jo, de fet, significaria la coalescència de les terres i races *de la plus grande France, la France des cent millions*".

Pauser continua: "Encara que el projecte de fundació d'una "Catalunya Gran" no arribés, amb Catalunya pròpiament dita en conjunció amb l'illa de Menorca, que encara no està en mans de Franco, n'hi hauria prou per fer retrocedir el poder marítim d'Itàlia sobre la base tirrènica i posar en greu perill, alhora, la posició italiana a Sardenya". Aquesta darrera frase conté la raó estratègica de l'ofensiva de gener de 1939 contra Catalunya com a preparació preliminar d'un moviment més gran contra França.

Una pàgina del llibret mereix atenció:

"Si una Catalunya lliure podria tenir tanta importància per a la seguretat de França, és natural que els escriptors alemanys, perseguint els plans d'encerclament de França, estiguin en contra del reconeixement de qualsevol grau de llibertat a Catalunya. El general Franco està posant en pràctica aquest pla.

"Segons Pauser Espanya ha de dominar Catalunya perquè és el país més ric de la Península del qual es podrien obtenir molts ingressos de la fiscalitat de la riquesa.

"Un altre escriptor militar alemany, el doctor Hermann Gackenholz, que escriu sobre "La posició de la política militar d'Espanya", insisteix també en la importància estratègica que hauria de tenir per a França un Estat català lliure. "Per tant", conclou, "el Govern de l'Espanya Nacional no podrà acceptar mai la constitució d'un Estat català"...

"Itàlia també sosté el mateix punt de vista... El doctor Giovanni Ansaldo, escrivint a 'Il Telegrafo' (Livorno, 17 de gener de 1939) un article que expressa l'opinió del comte Ciano, afirma que Itàlia lluita contra l'imperialisme francès a Espanya. Segons ell, des de Carlemany, sempre hi ha hagut una política francesa dirigida a crear un Estat català quan França s'ha vist amenaçada des de la Península. Itàlia té, a Espanya, interessos directes perfectament contraris als que té França. Itàlia està interessada en reconstruir la unitat d'Espanya i a crear un estat vigorós. Els interessos italians són que l'Espanya nacionalista torni a ser l'amo de Catalunya."

CATALANS A L'EXILI

El govern autònom de Catalunya havia dedicat tots els esforços a la reconstrucció de la personalitat de Catalunya, fins a l'aixecament de Franco. En els últims trenta anys s'havien revifat tots els organismes i institucions, models de democràcia i llibertat.

En temps de la guerra civil, Catalunya es trobava al llindar d'un altre període de plena realització de la seva personalitat. El seu govern, els seus acadèmics i professors, els seus artistes i escriptors, els seus homes de ciència, metges, tècnics i treballadors especialitzats fugiren a França com a resultat de l'exili massiu quan Franco va entrar a Catalunya. A França, la cultura i la vida catalanes van trobar-hi refugi. França va absorbir homes de ciència, professors, intel·lectuals i artistes. Aquests pobles, agrupats al voltant del govern català exiliat, es van mantenir en una unitat compacta per preservar la cultura catalana, i van treballar per a la reconstrucció sota els auspicis del govern francès, les universitats i els intel·lectuals francesos.[12]

L'enfonsament de França, però, va fer molt precària la posició dels refugiats catalans a França, perquè molts estaven amenaçats de ser lliurats al govern de Franco. De fet, alguns s'hi van trobar, entre ells el president exiliat de la Generalitat de Catalunya, Lluís Companys, que va ser afusellat. Molts van ser més afortunats, i després de mesos en camps de refugiats, van trobar el camí cap a l'Amèrica Llatina, on les petites colònies catalanes ja estaven assentades i havien contribuït al desenvolupament de les repúbliques llatinoamericanes.[13] Però molts encara són a França.

Els catalans de l'Amèrica Llatina, a través de la pertinença als seus diferents clubs i associacions, presenten un front força sòlid. A Londres s'ha constituït un Consell Català, encapçalat per en Carles Pi i Sunyer, i s'ha rebut de manera extraoficial al Foreign Office. Recentment s'ha establert a Nova York una delegació del Consell de Londres dels Estats Units i està integrada per en J. M. Fontanals, J. Ventura Sureda, J. Carner-Ribalta i J. A. Gibernau (secretari general). La delegació citada es va registrar al Departament d'Estat el 28 de març de 1942.

El febrer de 1940, el Casal Català de Nova York va emetre un manifest[14] a tots els centres de l'Amèrica Llatina, pel qual s'instava a celebrar un congrés de centres catalans a Nova York per crear una "Federació d'Entitats Catalanes d'Amèrica" per tal de dotar els catalans a l'exili d'un òrgan de direcció centralitzat sota la direcció

---

12   Catalunya a l'exili va organitzar manifestacions artístiques que van rebre una gran admiració. S'edità un resum gràfic d'art català, "L'Art Catalan", sota els auspicis de la Direction Generale des Beaux Arts, Ministere d'Instruction Publique de France.

13   El paper dels catalans en la història de Buenos Aires i Argentina durant les campanyes de 1808-09 es ressegueix a *Los catalanes en la Argentina*, de R. Monner Sans (1927). La participació dels catalans en els afers cubans es relata el 1898 a *Los catalanes en América: Cuba*, de Carlos Martí (1918).

14   El "Casal Català" de Nova York publica un innovador periòdic editat en català i en anglès, anomenat "Free Catalonia". Té, entre les seves finalitats, explicar la política americana a les colònies de l'Amèrica Llatina i, al seu torn, presentar als Estats Units els punts destacats de la "Qüestió Catalana", i el possible programa per a la reconstrucció política d'Espanya després de la guerra.

d'un català destacat. Tot i que gairebé tots els grups llatinoamericans van afavorir la proposta, van afirmar que no estaven en condicions d'enviar delegats, per la qual cosa el congrés no es va celebrar mai. El català el nom del qual s'esmentava amb més freqüència com a possible líder dels catalans a l'exili era Pau Casals, el violoncel·lista. Tot i que no existeix un vincle organitzat entre els grups catalans de l'Amèrica Llatina i els grups de Nova York i Londres, tots estan en estret contacte i intenten coordinar al màxim les seves activitats.

ORGANITZACIONS CATALANES A L'AMÈRICA LLATINA
(El Bureau of Latin American Research acaba el seu informe donant una llista de les organitzacions, publicacions i unitats de radiodifusió catalanes d'aquest continent, però ha quedat obsolet a causa de les nombroses incorporacions i reorganitzacions des del juny de 1942, quan es va emetre l'informe. Per a una llista bastant completa d'aquestes organitzacions, remetem el lector a la llista de grups catalans de l'Amèrica Llatina a l'apèndix 2a).

APÈNDIX Nº 3
ESPANYA, UN PAÍS PLURINACIONAL
De l'assaig "Suggested Bases for a British Policy to Spain", de William C. Atkinson. - "The Fortnightly" review, Londres, febrer de 1945:
Els estudiants d'Espanya saben que en aquell país no hi ha una realitat més immediata i més persistent que la qüestió autonòmica. Espanya encara és plural en un sentit en què la Gran Bretanya fa temps que ha deixat de ser-ho. Catalunya i les províncies basques tenen les seves diferents llengües, tradicions d'administració i visió política, afinitats culturals i interessos econòmics, tot constituint un sentiment de nacionalisme que és més viu i explosiu quan el centralisme castellà té més confiança d'haver-lo extingit. No és casual que aquestes dues regions siguin indiscutiblement les més progressistes, les més occidentals en perspectiva i les més madures políticament d'Espanya; però, per aquest motiu, el problema del passat només s'ha agreujat, perquè l'orgull castellà troba difícil el reconeixement, i tarda a adonar-se que sovint és la castellana, i no la catalana o la basca, la intransigència que impedeix la integració de tots tres en una unitat espanyola superior. Quan els elements d'una nació estan disposats a prendre les armes en defensa dels seus drets, és raonable la suposició que existeix un cas per a una investigació objectiva. Catalans i bascos no són l'excepció a la generalització d'aquest criteri.

APÈNDIX Nº 4
PROCLAMACIÓ DE LA REPÚBLICA CATALANA
pel President Francesc Macià, el 14 d'abril de 1931.

"Poble de Catalunya!

En nom del poble de Catalunya proclamo l'Estat Català, que amb tota cordialitat procurarem integrar dins la Federació de Repúbliques Ibèriques.

A partir d'ara es forma el Govern de la República Catalana que es reunirà al Palau de la Generalitat.

Aquells que formin el Govern de Catalunya estarem disposats a defensar les llibertats dels catalans i, en endavant, estarem preparats, com tots, per morir per Catalunya i la República."

[traduït de la versió anglesa del text]

APÈNDIX Nº 5

PROCLAMACIÓ DE L'ESTAT CATALÀ

pel President Lluís Companys, el 6 d'octubre de 1934.

"Catalans!

En aquesta hora solemne, en nom del poble i del Parlament, el Govern que presideixo assumeix totes les facultats del Poder a Catalunya (i) proclama l'Estat Català de la República Federal Espanyola..."

APÈNDIX Nº 6

CATALUNYA PRIVADA DELS SEUS DRETS NACIONALS SOTA LA MONARQUIA ESPANYOLA, LA REPÚBLICA ESPANYOLA I EL RÈGIM FEIXISTA ESPANYOL

- Del decret de Felip V d'Espanya, l'any 1714, invocant el dret de conquesta per abolir les llibertats catalanes:
  "Habiendo pacificado por las armas el territorio de Cataluña, toca a mi soberanía establecer gobierno en él."
- Del decret del President de la República Espanyola del 2 de gener de 1935, pel qual s'abolia l'autonomia catalana atorgada per les Corts Espanyoles l'any 1932:
  "Art. 1º - Quedan en suspenso las facultades conferidas por el Estatuto de Cataluña..."
- Del decret de Franco, de 5 d'abril de 1938, pel qual es revoca definitivament l'Estatut (autonomia) de Catalunya:
  "... el Estatuto de Cataluña, en mala hora concedido por la República, dejó de ser válido, en el orden jurídico español, el día 17 de julio de 1936.
  "... la entrada de nuestras gloriosas armas en territorio catalán[15]... plantea el problema... de restaurar... el principio de la Unidad de la Patria... etc."

---

15   Observeu la invocació del dret de conquesta en termes idèntics a Felip V, l'any 1714.

APÈNDIX Nº 7

ESPANYA versus CATALUNYA

Sota el títol "España frente a Cataluña", A. Sieberer, periodista austríac, ha publicat un llibre ben informat, del qual citem:

"Al segle XV Castella tenia, dins el seu domini establert per la força, riqueses, i èxit, tots els pobles de la península Ibèrica... L'aixecament simultani de Portugal i Catalunya... va ser un signe de l'esgotament del poder castellà. Les forces perifèriques van començar a superar les del centre. Portugal va aconseguir la seva independència; Catalunya va haver de tornar al jou austro-espanyol. La rebel·lió de 1640 és una prova clara que Castella no havia aconseguit el seu intent d'assimilar els pobles ibèrics i fusionar-los en una nació espanyola unificada.

"Els castellans han conservat dels seus vells temps de glòria una arrogància desmesurada. Es consideren l'eix vertebrador d'Espanya; es comporten com si pertanyessin a un grau superior de civilització que els dona dret a dominar les altres races d'Espanya... Mentre aquesta idea arbitrària de valors romangui en la ment dels castellans, no hi haurà pau al país.

"... És una bogeria intentar imposar-se a la unió entre les diferents parts d'un gran estat, quan aquests nuclis han arribat a la majoria d'edat, i quan ja no es té el poder d'aconseguir-ho per la força. Això és fruit d'un esperit poc raonable i capritxós, desproveït del coneixement de la realitat i ignorant del sentit de com utilitzar la força. Aquesta és la raó per la qual Espanya ha perdut totes les seves colònies i manté una agitació inacabable dins del país.

"La incapacitat dels castellans per viure en comunitat sincera amb germans d'igualtat de drets; la seva incapacitat per considerar els ideals i particularitats dels altres tan legítims com els seus; la incapacitat de l'abnegació democràtica, són les causes de la decadència d'Espanya. Castella no només ha escampat la llavor de la discòrdia amb el seu centralisme indisciplinat, sinó que també s'ha privat de les forces naturals i diferents del desenvolupament d'Espanya mateixa. L'ideal de Castella és comparable a un cap d'or sobre una estàtua d'argila.

"Aquest esperit dominant i aquest furor assimilador segueix fent víctimes. El camp és cada dia més petit, però Catalunya ha estat escollida com a víctima principal".

LES RELACIONS POLÍTIQUES ENTRE ELS POBLES IBÈRICS

La Societat Catalana d'Estudis Polítics, Econòmics i Socials, establerta a Buenos Aires, ha emès el següent comunicat, signat pel president Pelai Sala, Joan Cuatrecasas i P. Mas i Parera:

"La península Ibèrica forma un conjunt geogràfic de pobles sobre els quals, en diferents moments de la història, un d'ells ha intentat construir una unitat política. Els resultats han estat diversos. El fet que, en els darrers temps, l'intent d'establir i consolidar aquesta unitat política s'hagi dut a terme sota la forma d'un estat unitari, ignorant totes les característiques ètniques i lingüístiques dels diferents pobles ibèrics, ha generat molt descontentament i fins i tot reaccions violentes dels diferents col·lectius cap al coadjutor de l'Estat espanyol, és a dir, Castella.

"A Castella la idea d'estat absolutista és preponderant i aquesta ha estat la causa de guerres i d'una enorme quantitat d'energies perdudes en intentar imposar aquest tipus d'estat. I com que l'absolutisme no és una llei, sinó força i compulsió, durant els darrers segles els ibers han viscut una revolta permanentment latent. Això ha donat als nuclis que podrien haver esdevingut vehicles normals d'ordre i consolidació, una aparença d'elements pertorbadors de la vida de l'Estat espanyol.

"No obstant això, a través de la seva política assimiladora, Castella ha aconseguit reduir a la seva forma de vida diversos dels pobles que a l'edat mitjana havien assolit una forma més o menys perfecta de vida d'estat pròpia. Però no ha aconseguit reduir-ne alguns altres. És per això que l'intent d'unitat política a la Península iniciat a finals del segle XV amb el pretext d'una unió catòlica, no ha tingut èxit com esperaven els seus iniciadors i continuadors. Un Portugal independent n'és la millor prova. D'altra banda, la subsistència, a través de totes les vicissituds, de nacions vives com els grups ètnico-lingüístics del País Basc-Navarra, Catalunya-València-Illes Balears i Galícia-Portugal, és una prova més del fracàs de la forma unitària que Castella ha intentat imposar per mantenir unit l'Estat espanyol.

"Per a la prosperitat de totes i cadascuna de les nacions peninsulars -Castella, Catalunya, País Basc i Galícia-Portugal- i per a la normalització de la seva interrelació, és molt urgent dur a terme una reorganització total de la seva vida política, a partir de (1) una autèntica conciliació de les diferents reivindicacions de la sobirania nacional, (2) un veritable esperit de cooperació que eliminaria qualsevol ambició hegemònica de qualsevol grup en particular, i (3) un sentit general del deure de cada nació peninsular de contribuir a la reconstrucció i la pau d'Europa i la prosperitat del món.

"CONCLUSIONS: 1) Ni un estat unitari espanyol, ni una política de concessions autonòmiques precàries, ni una separació total de les diferents nacionalitats, portarien al compliment de la missió reservada a cadascun dels pobles ibèrics en els corrents actuals de cooperació internacional, solidaritat humana i democràcia universal.

2) Les relacions polítiques entre les nacionalitats ibèriques s'han d'orientar a promoure una col·laboració mútua dels diferents pobles, dins d'un règim de respecte i confiança recíprocs, de manera que cada nacionalitat pugui elaborar el seu destí en benefici general del complex ibèric.

APÈNDIX Nº 8
LA RECONSTRUCCIÓ POLÍTICA DE LA PENÍNSULA IBÈRICA

D'una Declaració del Consell Nacional Català a Londres, signada pel seu president, Carles Pi-Sunyer, el 24 d'agost de 1944:

"Els catalans tenim una concepció profunda i seriosa d'Espanya, una concepció que emana de la nostra consciència i mentalitat catalanes.

"En el transcurs de les generacions i de moltes maneres hem intentat harmonitzar la realitat indestructible de la individualitat natural de Catalunya amb una organització política de la Península que fes possible no només la tolerància sinó també la col·laboració activa. Els catalans sí que creien que la República Espanyola demostraria el tipus de règim en el qual s'aconseguirien aquests objectius, sempre que prevalgués la lleialtat. Però els esdeveniments, des d'aleshores ençà, han marcat profundament l'ànima catalana. La darrera guerra civil i la posterior repressió feixista han influït irrevocablement, tan profundament com ho van fer els fets de 1640 i 1714, en el curs de la història catalana. El bombardeig de les nostres ciutats, la invasió del nostre sòl, la derogació violenta del nostre Estatut (autonomia) -que el nostre poble havia obtingut per plebiscit i les Corts havien sancionat i incorporat a la Constitució espanyola-, la derogació de les nostres lleis, el desterrament de la nostra llengua nacional, la supressió de la nostra cultura, l'intent de dispersió de les nostres indústries, l'assassinat del nostre president Lluís Companys, són atrocitats que no es poden cometre contra una nació tan vital i tan conscient com la nostra, sense generar conseqüències fatals. Cap demòcrata espanyol pot esperar que els catalans s'enganyin a si mateixos, o tanquin els ulls a les realitats i deixin de lluitar per fer impossible la repetició del tràgic passat.

Catalunya mai actuarà amb rancor o venjança, però la previsió i la responsabilitat més elementals fan imprescindible que els dirigents de Catalunya tinguin presents les lliçons com a advertència per al futur.

"Estem convençuts que ha arribat el moment d'un canvi radical en l'estructura política d'Espanya, i els catalans ajudarem de tot cor els estadistes amb la visió i la voluntat de crear la nova Mancomunitat Hispànica. Allà trobarà la seva expressió la unitat orgànica de les seves diferents nacions membres a través de la independència de cadascuna i la interdependència de totes elles. Cadascun d'ells ha de tenir dret a auto governar-se lliurement i ha de resoldre en conjunt, en igualtat de condicions, els problemes que són comuns a tots ells.

"Aquesta és una solució que els catalans estimem profundament i que, per cert, s'ajusta perfectament als principis d'organització política vigents. La confederació, com a mitjà d'integració de nacions afins, és una fórmula catalana des de l'edat mitjana. I un català —Pi i Margall— va ser un dels exponents més il·lustres de la Federació Ibèrica com a sistema polític modern. Afegim que el camí traçat per comunitats de pobles tan grans com la Mancomunitat Britànica de Nacions, els Estats Units d'Amèrica i la Unió de Repúbliques Soviètiques interpreta plenament les idees catalanes sobre la qüestió i ofereix la solució, tal i com la proposa Catalunya, al més difícil de tots els problemes peninsulars.

"Ens hauria agradat que la democràcia espanyola, conscient de la importància i la transcendència del moment present, hagués vist la nostra actitud oberta i lleial sense sospita, i que acceptés la sinceritat, la positivitat, la fecunditat i la promesa de futur que conté. L'unitarisme antic, d'origen no hispà, que tantes vegades ha pertorbat les relacions entre les nacionalitats que componen l'Estat espanyol, és una amenaça igualment mortal per a la mateixa Castella. Els castellans seran condemnats a viure sota la dictadura perpètua si estan decidits a preservar l'unitarisme, perquè només un règim de força pot mantenir sota dominació les nacionalitats perifèriques.

"La causa de la democràcia a Espanya està inseparablement lligada a la de la llibertat de les seves nacionalitats. Només en veritable democràcia i llibertat pot existir un clima polític adequat en el qual la solució de tots els problemes hispànics sigui possible. I ni la democràcia ni l'alliberament poden prevaldre si les relacions entre els pobles es basen en la justícia i no en l'abús de poder. La nostra actitud és cordial, responsable i constructiva. Oferim la mà als demòcrates espanyols i confiem que oferiran la seva, perquè, entre tots, puguem començar el nostre camí per alliberar les nostres pàtries esclavitzades."

PER ESTABLIR L'ORDRE A ESPANYA

D'un Memoràndum presentat per la Delegació dels Estats Units del Consell Nacional Català de Londres a la Bureau of Nationalities de Washington:

"En presentar aquest pla per establir l'ordre a Espanya, immediatament després de la caiguda de Franco i del règim feixista, cal limitar-nos necessàriament a Catalunya. S'haurien d'elaborar plans similars per a la resta de territoris de l'antiga República Espanyola.

"Creiem fermament que cap reorganització política d'Espanya no és possible si no es té en compte l'estructura política i ètnica real del seu territori. Independentment de l'oficialitat i l'organització d'Espanya en els últims anys, a efectes de restaurar l'ordre i per a una reorganització política, Espanya s'ha de considerar el que és en realitat: un país plurinacional. L'antic estat unitari i centralitzat espanyol estarà dividit territorialment per dotar de personalitat jurídica a les seves diferents nacionalitats o pobles: castellans, catalans, bascos i gallecs.

"En recomanar aquestes mesures dràstiques ho fem amb la convicció que és l'única manera de fer front a la complexitat del problema espanyol i perquè sabem que qualsevol esforç de reorganització política basat en altres termes estarà condemnat al fracàs. L'acció de les Nacions Unides per establir momentàniament aquestes divisions territorials estarà plenament justificada, sobretot si s'indica clarament que es fa amb la finalitat d'aconseguir la simplicitat i l'ordre d'aquests territoris.

"Certament seria una tasca àrdua, si no del tot impossible, pacificar i reorganitzar des d'un punt central com és Madrid els diferents territoris de la Península. En termes generals, els problemes d'aquests territoris són radicalment diferents, i moltes vegades oposats als de Castella.

"Un altre avantatge en aquesta divisió, seria la creació dels governs territorials a través dels quals es podria establir finalment una Confederació de pobles ibèrics, com un dels grups dels Estats Units d'Europa.

"D'acord amb les consideracions anteriors, presentem el següent pla de reorganització de Catalunya, que es posarà en marxa immediatament després de la caiguda del règim de Franco.

a) S'establirà a Barcelona un Govern provisional de Catalunya (integrat exclusivament per dirigents catalans). Aquest Govern o Comitè provisional serà responsable només davant les Nacions

Unides del manteniment de l'ordre a Catalunya i treballarà en plena col·laboració amb l'AMG [Allied Military Government]. (Previa sol·licitud, proporcionarem una llista de dirigents catalans adequats per ser nomenats en aquesta Comissió o Govern Provisional).

b) La base de funcionament d'aquest Govern català serà la Carta Constitucional de Catalunya coneguda com a "Estatut Interior de Catalunya" tal com ha votat el Parlament de Catalunya, aquesta Carta o Estatut es mantindrà en vigor fins que es restitueixi el dret d'autodeterminació als catalans.

c) El Govern provisional de Catalunya (que posteriorment podria ser el representant del poble català en qualsevol proposta de Confederació de les Nacions Ibèriques) en el moment de la presa de possessió emetrà una Proclama en la qual:

"El Govern Provisional de Catalunya, totalment recolzat per les Nacions Unides, es constitueix amb la finalitat de restablir l'ordre i la pau. La vida individual, la propietat privada, les relacions socials i els credos individuals, estan garantits a tots els ciutadans respectuosos de la llei. Tots els partits i tendències polítiques o socials es declaren legals i amb llibertat de funcionament, però les seves aspiracions i programes individuals estaran momentàniament subjectes a les mesures adoptades per al manteniment de l'ordre. El Govern provisional de Catalunya reconeix el dret a l'autodeterminació del poble català i, tan aviat com la situació ho permeti, durà a terme els plebiscits necessaris perquè totes les aspiracions nacionals, polítiques i socials puguin ser legalment establertes d'acord amb la voluntat popular."

Es farà una Proclamació addicional a l'efecte que:

"El Govern català provisional procedirà immediatament a la constitució de tribunals de justícia per examinar i jutjar tots els casos de greuges que es rebin des de l'esclat de la Guerra Civil espanyola el juliol de 1936, inclòs el període de postguerra fins a l'actualitat, tant en casos de béns com de danys personals. Es declara per la present que qualsevol persona que es prengui la justícia pel seu compte i sigui culpable d'un acte de venjança serà severament castigada, encara que sigui necessari, amb pena de mort."

d) El Govern català provisional estarà format pels departaments o conselleries següents: Presidència, Interior, Justícia, Serveis

Públics, Economia, Treball, Educació i Sanejament. Els quatre problemes principals que el Govern solucionarà immediatament són: Distribució d'Aliments, Serveis Públics, Ordre Públic, Comunicacions.

S'establiran Governs o Comitès idèntics a Madrid, Bilbao i La Corunya, per als altres tres territoris, a saber, Castella, País Basc i Galícia.

L'ACTITUD CATALANA DAVANT LA QÜESTIÓ D'UNA RESTAURACIÓ MONÀRQUICA A ESPANYA

Del comunicat emès pel Consell Nacional Català a Londres:

PER QUÈ ELS CATALANS NO PODEM SER PART D'UNA RESTAURACIÓ: LA MONARQUIA NO POT RESOLDRE CAP DELS PROBLEMES FONAMENTALS D'ESPANYA — EL SEU FRACÀS OCASIONARÀ UNA ALTRA REVOLUCIÓ.

L'experiència passada dels catalans amb la Monarquia, el paper que els reialistes van jugar contra Catalunya a la Guerra Civil, les seves idees sobre el problema de les nacionalitats, i la proclamació del Pretendent des de Roma i Lausana, amb la seva arpa sobre la "unitat d'Espanya" i la restauració de la "Monarquia tradicionalista o absoluta", tots aquests fets impedeixen que els catalans es facin il·lusions sobre la Monarquia. No pot ser democràtic; tampoc pot resoldre el problema de les nacionalitats.

Fins ara, el Pretendent no ha donat cap indici que una monarquia restaurada disminueixi la seva tradicional hostilitat cap a les nacionalitats no castellanes. Fins i tot si les seves promeses fossin justes, una monarquia, molt menys que una república, no pot oferir cap garantia que l'autonomia no torni a ser abolida per un dictador o un "pronunciamiento".

Un cop d'estat per part d'un grup de generals sembla la millor esperança del Pretendent de convertir-se en rei. L'aristocràcia terratinent de Castella sembla ser l'única classe disposada a donar suport unànime i de tot cor a la Corona. Són indicis clars que la Monarquia, a més de no ser genuïnament democràtica, no serà capaç de resoldre els problemes fonamentals d'Espanya (com, almenys, el militarisme castellà, o el problema agrari d'Andalusia, Extremadura i Castella).

Un ben conegut grup de financers internacionals, i potser certs industrials, també donaran suport a una restauració. Però a la Corona no se li podria prometre cap suport de la majoria del poble. Crear una majoria reialista al Parlament mitjançant eleccions genuïnes seria pràcticament impossible. El Pretendent, doncs, parla de la restauració de la Monarquia tradicionalista o absoluta que «no deu el seu poder a cap elecció, no necessita comprometre's amb ningú... només li cal consolidar la seva pròpia autoritat» (Proclamació emesa a Roma, 28 de febrer de 1942).

No hi ha cap líder destacat a la vista, ni cap grup prou nombrós de polítics capaços i experimentats, que pogués fer triomfar una restauració. El Sr. Ventosa, ben equipat com està, mai serà acceptat com a líder pels catalans, i menys encara pels castellans. Aquest darrer punt té una importància decisiva per a un règim essencialment castellà com la Monarquia. Sigui com sigui el què els reialistes li prometin, i siguin quins siguin els seus avantatges inicials, les forces que treballen al voltant de la Corona produiran tard o d'hora els mateixos resultats que abans de la caiguda de la Monarquia. Només una altra sèrie de decepcions i fracassos recompensarà els nous intents del Sr. Ventosa de cooperar amb la Monarquia.

La Monarquia ha deixat de ser un ideal capaç d'encendre el cor i la ment de la majoria de la gent d'Espanya. L'ideal republicà, si s'utilitza amb prudència pels no realistes, aviat recuperarà la seva força radical, sobretot perquè el poble considera que la República era el seu règim, i només els va ser arrabassada per les classes altes espanyoles en aliança amb els estrangers, els nazis alemanys i els feixistes italians. Aquesta fusió del sentiment nacional i popular, si es gestiona malament, pot resultar ser un material altament explosiu.

Sembla que algunes persones tenen l'esperança que si el rei concedeix una amnistia al major nombre de persones a la presó i als camps de concentració, hi haurà un repunt de gratitud i simpatia envers ell. Però això és una greu mala interpretació de l'esperit espanyol, i com a mesura de política pràctica seria un fracàs.

Ni els presos ni els seus familiars han oblidat que els reialistes es van unir als falangistes en la lluita contra els republicans, que hi ha hagut ministres reialistes al gabinet del general Franco, i que la Llei de responsabilitats polítiques porta la signatura d'un ministre reialista (tradicionalista).

Les idees del bé i del mal, de la justícia i la injustícia, es senten profundament al cor de tots els pobles espanyols. Distingiran clarament el que els sembla un favor del que és un simple cessament d'una injustícia. A més, la persecució només enforteix les persones en les seves conviccions. Les persones que han patit per les seves conviccions republicanes o socialistes, o pel seu patriotisme català o basc, no es convertiran en partidaris d'un rei només perquè els concedeixi una amnistia. Tots els pobles espanyols tenen massa respecte pels seus ideals.

Les diferents proclames emeses pel Pretendent han suscitat molts recels. De les seves frases florides no emergeixen idees concretes o constructives per al futur del país, res a punt de pacificar la ment i el cor dels ciutadans de totes les classes i reunir-los; res sobre quina política seguir en relació amb les nacionalitats, o com afrontar els problemes econòmics i socials de la postguerra; cap solució a cap problema fonamental com la qüestió agrària, l'educació, l'Exèrcit o la reorganització de la funció pública; sobretot, res de cap política per mantenir l'ordre. El silenci sobre tots aquests punts fa pensar que la Monarquia pretén seguir la seva antiga política de minimitzar els problemes existents, o tancar-los els ulls amb l'esperança que així desapareguin, o —el que seria pitjor— fer servir la força d'un règim absolut per suprimir-los. La mera existència d'un rei al tron a Madrid no produirà màgicament una solució per a Espanya. Monarquia i República s'han convertit en només etiquetes: l'important són les forces subjacents, i la seva capacitat per trobar una solució als problemes que afecten l'organització i l'existència mateixa dels pobles espanyols.

El pas dels anys confirmarà el que ara es pot preveure: que una altra restauració de la Monarquia que ha governat Espanya de manera intermitent durant els últims 150 anys tornarà a acabar en fracàs i revolució. Una altra convulsió per expulsar una monarquia absoluta en fallida que només ha estat reforçada per les classes altes, juntament amb l'alça del sentiment nacional i popular esmentat anteriorment, presa en relació amb els moviments de la revolució d'altres fonts que bullen arreu d'Europa, pot resultar més desastrosa, especialment per a la causa de les democràcies a Europa occidental. Els demòcrates i els patriotes catalans tremolen en adonar-se que el seu país es veurà submergit en una altra revolució si es torna a posar en marxa el fatal pèndol espanyol.

PER RESUMIR:

La Monarquia només comptarà amb el suport de l'aristocràcia terratinent de Castella, alguns generals, un grup de financers internacionals i potser alguns industrials —però no de la majoria del poble.

La Monarquia, per tant, necessàriament haurà de ser un règim absolut i no democràtic.

Aquesta monarquia no serà capaç de resoldre el problema de les nacionalitats ni cap altre problema fonamental d'Espanya.

La Monarquia, al cap d'uns anys, serà un fracàs, i els pobles espanyols tornaran a ser llançats a la revolució.

Així doncs, la Monarquia, finalment, fracassarà fins i tot en el que és el seu propòsit fonamental: mantenir l'ordre i prevenir la revolució.

Essent aquest un procés predictible lògicament, els catalans no tenen interès en embarcar-se en la perillosa aventura d'una restauració monàrquica.

COM SUBSTITUIR FRANCO A ESPANYA

A partir d'un article a "Free Catalonia", publicat per patriotes catalans a Nova York. (13 de setembre de 1944).

"Una de les preocupacions de les Nacions Unides, especialment dels Estats Units i Anglaterra, sembla ser com trobar una sortida a la insostenible situació espanyola, concretament com eliminar Franco i substituir el règim falangista. Aquesta preocupació es mostra en les idees salvatges que aparentment s'han plantejat en els últims mesos tant a Londres com a Washington. Ens referim especialment al pla de restauració de la monarquia borbònica en la persona de Don Juan; a la implantació d'un directori eclesiàstic-militar encapçalat pel cardenal Segura i algun Darlan espanyol, i finalment, però no menys important, a la idea que la millor solució podria ser la prolongació del lideratge de Franco, amb un règim nominalment democratitzat com el de Portugal sota Salazar.

"Afortunadament, totes aquestes idees brillants han caigut pel seu propi pes i les Nacions Unides es troben de nou en la mateixa situació respecte la situació espanyola de fa sis mesos.

"Però hi ha una fórmula per substituir Franco i el règim falangista a Espanya! No és una panacea màgica ni cap d'aquests bells esquemes que els planificadors de darrera fornada ens ofereixen dia sí dia no. La nostra solució es basa en el coneixement íntim de la situació espanyola i en l'acurada apreciació de les reaccions de la gent a Espanya.

"Sabem que la principal preocupació de les Nacions Unides no és, en particular, la solució definitiva que prevaldrà a Espanya i que restablirà la llibertat i la pau a la península Ibèrica. Aquesta solució definitiva serà la lògica, és a dir, la derivada dels principis de la Carta Atlàntica i de la normativa establerta a la Conferència de Pau o el que sigui equivalent.

"En l'actualitat, el problema és trobar la fórmula intermèdia que permeti una transició suau del feixisme a la democràcia, una fórmula la principal virtut de la qual hauria de ser evitar una revolució cruenta al territori espanyol. Aquesta és la fórmula que anem a suggerir, i la derivem simplement de la voluntat del mateix poble espanyol.

"Però l'èxit de la nostra recomanació dependrà de la voluntat i la ferma decisió de les Nacions Unides per resoldre, de manera expeditiva, la miserable situació d'Espanya. No volem dir amb això que s'hagi d'aplicar a Espanya el "tractament búlgar" a l'estil rus. No és necessari. No cal fer cap declaració de guerra ni un trencament de relacions amb Franco. Cap exèrcit necessita estar estacionat a la frontera espanyola. Només cal que les Nacions Unides facin saber a Franco que ha arribat el moment de la seva reverència definitiva.

"Algunes ànimes càndides poden suposar que Franco insistirà a seure una mica més al seu tron dictatorial; que s'oferirà per comportar-se i convertir-se en 100% democràtic. Creure que aquesta seria la reacció de Franco demostraria un coneixement molt pobre de la naturalesa humana i de la psicologia de l'assetjador. Franco estarà més que agraït als Aliats per una sortida tan elegant i segura. Un passaport a Portugal podria ser l'atracció momentània, però això no l'absol dels seus crims com a criminal de guerra. Altres mitjans de persuasió poden ser l'esment casual de les forces clandestines espanyoles, de les quals ja n'és conscient, i de la desaconsellable conveniència de la seva presència a Espanya davant el triomf popular en unes eleccions democràtiques.

"Un cop fora Franco, la qüestió és nomenar les persones adequades que estiguin disposades a acceptar la responsabilitat del manteniment de l'ordre a Espanya. Les Nacions Unides no hauran de barrejar-se en els afers interns d'Espanya, però el seu mer suport als dirigents designats cobrirà qualsevol falla en el bon sentit dels espanyols alliberats.

"Caldrà, però, una certa cura en l'elecció dels dirigents per al govern i l'administració provisional de la Península. No volem plantejar aquí els complexos problemes de legitimitat ni els de la representació més o menys àmplia que reclamen els diferents dirigents. És un assumpte que la gent d'Espanya resoldrà ella mateixa juntament amb els dirigents provisionals designats, de la mateixa manera que a França s'està resolent aquest assumpte.

"Només parlem per raons de viabilitat i pel mateix interès de l'ordre que hem d'assegurar. En el nomenament de les autoritats provisionals per a la substitució de Franco i la substitució del règim falangista, caldrà tenir presents alguns problemes bàsics a Espanya. No és una qüestió de personalitats ni tan sols de la filiació política dels dirigents seleccionats. Ens referim sobretot al caràcter plurinacional peninsular.

"No és aquí el lloc per parlar de les aspiracions polítiques de les nacionalitats ibèriques (Catalunya, País Basc, Galícia i Espanya pròpiament dita, aquesta última formada per les terres de parla castellana). Però només els líders individuals de cada un d'aquests territoris poden efectivament fer-se responsables, davant les Nacions Unides, del manteniment de l'ordre en el seu sector del país. Intentar mantenir l'ordre i organitzar una nova vida a Espanya encara que sigui provisionalment des d'un punt determinat, és a dir, Madrid, seria una invitació al fracàs. A més, els moviments patriòtics i clandestins a la Península s'organitzen segons aquesta divisió bàsica. Per descomptat, totes les forces s'uniran en una acció comuna, però les ordres donades a la població de Catalunya i del País Basc, per exemple, no seran realment efectives si no les donen els seus propis dirigents catalans i bascos. Per tant, la fórmula proposada es podria resumir de la següent manera:

a) Pressió diplomàtica sobre Franco per part de les Nacions Unides, comminant-lo a renunciar al seu règim.

b) Instauració de governs locals a Castella, Catalunya, País Basc i Galícia amb la finalitat de restablir l'ordre públic i fer el pas a la vida democràtica.

c) Referèndums a Castella, Catalunya, País Basc i Galícia per determinar les seves aspiracions en la reconstrucció política de la Península Ibèrica.

d) Constitució d'un Comitè Ibèric en el qual els delegats castellans, catalans, bascos i gallecs, en igualtat de drets, discutiran la fórmula del nou Estat espanyol o ibèric, d'acord amb la voluntat manifestada pels seus pobles.

"Estem segurs que els resultats d'aquest procediment seran un pas suau del feixisme a la democràcia, sense que es produeixi un sagnant trasbals; una satisfacció general a tots els sectors de la Península, en aquest primer pas cap a la llibertat; i; finalment, una Confederació de Pobles Ibèrics (Estats Units d'Espanya o Ibèria) (a la qual també es pot convidar Portugal), i que encaixarà perfectament en la reconstrucció general d'Europa segons els plans de les Nacions Unides."

Publicat i distribuït pel
CONSELL NACIONAL CATALÀ
(Delegació als Estats Units)
239 West 14th Street, New York, U.S.A.

Imprès als E.U.A. Canals Press

Presentation

On April 14, 1945, three members of the Catalan National Council in the United States, Josep Carner-Ribalta, Josep Maria Fontanals and Joan Ventura Sureda, presented an appeal, from New York to the United Nations Conference on International Organization convened in San Francisco. The Conference began on April 25, and it approved the Constitutive Charter of the United Nations (UN). The Appel requested the right to self-determination of the people of Catalonia. It was accompanied by a letter addressed to the governments of the United States of America, the United Kingdom, the Soviet Union and China, as sponsors of the Conference, requesting the inclusion of the Case of Catalonia in the agenda of the United Nations. It says:[1]

> Now that a charter of the nations of the world is going to be definitively written for a durable peace, Catalonia cannot let this opportunity pass without appealing to the justice of the United Nations for her due recognition, least new and irreparable mistakes be committed at the moment of the charting, and her national freedom be postponed indefinitely.

And they add:

> To class the Catalan question among the internal problems of the Spanish State is to appoint Catalonia's oppressor to be sole judge and jury in a conflict in which it is itself a contending part. Catalonia, or any other oppressed nation, cannot expect justice from her own oppressor.

The Appeal represents the position most consistent with the spirit of the Atlantic Charter, of 1941, consisting of the fact that all nations, whether large or small, have the right to exercise their free determination, which inspires the Charter approved in San Francisco and the official creation of the United Nations on October 24, 1945.

The Catalans of New York present this appeal as representatives of the Catalan government in exile and had the support of the organizations representing 75,000 Catalan expatriates throughout the Americas. The delegations of the nations participating in this conference, and its Secretary General, to whom a copy was sent, accepted its legitimacy.

What was the result? In a first letter, the Information Office of the Secretary-General of the Conference, stated that despite accepting the Appeal,

---

1   Original text.

"the main objective of the San Francisco Conference is to formulate the best possible charter for an international organization to maintain peace and security for all the people of the world", and asked for their understanding of why the Catalan problem could not addressed at this meeting. However, the three signatories of the Appeal responded, insisting on the need to consider the case of Catalonia, and asking for a revision of the text of the draft Charter of the United Nations, so that a conflict between nations is not confused with a matter of internal jurisdiction of a State. And, again, the Information Office responds, this time with these words:

> For such disposal as it may care to make, your letters, together with the memorandum entitled "The Case of Catalonia", will be made available to the Preparatory Commission which is planned to be established to serve during the interim between the close of this Conference and the first meeting of the proposed General Assembly. It appears that this constitutes the only answer that can be made to your request at this time.

The result was, therefore, successful. Why it did not continue is another matter. Before discussing it, it is worth placing the reader in the history that accompanies it.

The roots of this Council in the United States are to be found in the Casal Català de Nova York. There is the Centre Nacionalista Català de Nova York, created in 1920, where two of the prominent members of this history, Josep Maria Fontanals and Joan Ventura i Sureda, already figure. Among the actions taken, the support given to Francesc Macià in 1925 stands out, in order to organize a Catalan rebellion to oust dictator Miguel Primo de Rivera (the father of the founder of the Falange) from Prats de Molló (French Catalonia). But over the years the Group changed its name. In 1939 they were known as the Comitè Català Antifeixista, and in 1940 it became as Casal Català de Nueva York, being the popular name that groups the Catalans of the city, which lasted until 1963. Likewise, before the State Department of the United States, between March 28, 1942, and September 15, 1945, it became officially the United States Delegation of the Consell Nacional de Catalunya[2] in London, chaired by Carles Pi i Sunyer. The Council of London was conceived as a Catalan government in exile in July 1940, when the Government of the Generalitat of Catalonia in France was dismantled, after being invaded by Germany.

The Catalans of New York, prompted by the defeat of the Republicans in Spain, supported the Allied cause, serving the US government and

---

2   The Catalan National Council is the English name for the Consell Nacional de Catalunya.

airing anti-fascist propaganda on behalf of the Catalan government in exile.

Among its members, during the Second Spanish Republic, we can highlight Josep Anton Gibernau, who does not appear as a signatory in the Appeal but was a fully active member, as well as being the Secretary of the United States Delegation of the Council, and Josep Carner-Ribalta. The former was consul for the government of Spanish Republican in Galveston, Texas, and worked for the Embassy in Washington. He actively negotiated US military support for the Republicans during the Spanish Civil War, and, during World War II, he served in the Office of Strategic Services (OSS). And the latter was Francesc Macià's "right hand" since the uprising of Prats de Molló, as well as his biographer and the head of press of the Parliament of Catalonia, among other notable facts. With this career, it is understood why the work of the Catalans in the USA was not limited to making the Appeal. They were also responsible (or participated) in:

- Building the political (and clandestine) Catalan resistance during the Second World War.
- Collaborating in anti-fascist propaganda directed at Latin America, at the service of the USA.
- Putting Washington in contact with anti-fascist Catalans throughout America.
- Spying on Franco elements in New York at the behest of the US government.
- Allying with the Basque government in exile for the eventual liberation of Spain and the creation of respective self-determination referendums for the liberation of Basque and Catalan peoples.
- Helping to design a possible armed forces landing on Catalan beaches for Operation Torch in 1942.
- Collaborating with the US State Department in identifying landing sites for a possible invasion of Spain, between 1943 and 1944, as well as in the restoration of a democratic government with recognition of the plurinational Spanish identity.
- Rebuilding the Catalan government from Mexico in 1944, to be prepared to pressure the United Nations when World War II ended and General Franco was weakened and isolated, without the support of Hitler and Mussolini.

This struggle deserves to be remembered, so as to learn from the past and to highlight the hitherto anonymous protagonists of this chapter of the history of Catalan resistance and the efforts to liberate Catalonia, and the Catalans.

The documentation that accredits this and allows this story to be told remained in private hands until it was handed over to the National Archive of Catalunya (ANC) in 2018, and, since 2021, a digitization process has been carried out and made public. Josep Carner-Ribalta kept it and his son, George Carner, following his father's wishes, handed it over to the archive with the collaboration of Víctor Castells.

Sources that talk about the Appeal and Catalan history include several books. Apart from the original documentation found in the ANC, there are the books *De Balaguer a Nova York passant per Moscou i Prats de Molló (Memòries)* by Josep Carner-Ribalta (Edicions Catalanes de París, 1972), republished in 2009 by Vienna Edicions; and *L'any 2000, un repte per a Catalunya*, and *Catalunya i la Política Americana de Roosevelt a Reagan*, by Josep Anton Gibernau (El Llamp, 1982 and 1987). Carner-Ribalta left testimony of his activity, as did Gibernau. On the other hand, the book *Els catalans apel·len a les Nacions Unides: d'Utrecht a San Francisco passant per Nova York*, by yours truly (Llibres de l'Índex, 2021), reorganizes this material and carries out scrupulous research of the documentation rediscovered in the National Archive of Catalonia, and reconstructs its history on documented bases.

From this reconstruction, I would like to highlight two facts that seem essential to me: until 2020, when I began to work with this documentation, it was not known (it is absolutely unknown) that the Catalans of New York acted, between 1942 and 1945, as advisors to the Catalan government in exile, before the United States and in the eyes of the Catalans in American exile. Nor is it known that the Secretary General of the San Francisco Conference, through the Information Office, undertook to put the Catalan case in the hands of the Preparatory Commission of the first official conference of the UN as an international organization, although this news was published in a magazine from Mexico City, *El Poble Català*, in September 1945, in a special edition dedicated to the Appeal.

The Catalans of New York carried out a huge amount of activity, in the shadows, in propaganda and politics, being very close to the president of the Basque Government in exile, José Antonio Aguirre, with whom they promoted the self-determination of the Catalan and Basque peoples, in 1942, with the support of Carles Pi i Sunyer and Josep Maria Batista i Roca, from London. They understood that, with Franco, Hitler and Mussolini on the ropes, when the United Nations alliance was created in 1942, it was a unique historical moment, such as we Catalans had never experienced before, to demand the national recognition of Catalonia. And this encouraged them not to give up, until they made the Appeal a reality. They served the Allies with full dedication, always thinking of the freedom of Catalonia, then subjected to deep repression, like all "Catalanists" massacred, imprisoned or in exile. But the Appeal did not receive support from London when it was most needed. While it was sent to San Francisco, the Generalitat of Catalonia was reconstituted in exile, and it did not embrace the self-determination project. Instead, as corroborated by the available documentation, this line of action was replaced by a legalistic claim that took refuge in the Spanish Republic. In addition, Franco ended up asserting himself before the international order. These two factors caused, on the one hand, that the Appeal was relegated to oblivion, and, on the other, that its protagonists had to hide, from the eyes of the world, everything they experienced, and achieved. Even Victor Castells, whom Carner-Ribalta charged with ensuring that this documentation reached the public after his death, held onto it. It is not until he passes away in 2018, that, by a fortuitous fate, it ends up in the Arxiu Nacional, misplaced among other documents. But well… that's another story. The point is that, until then, neither the rationale for the Appeal has been understood, nor has the document and its authors been valued as they deserve. Historians, faced with the lack of documentation and the silence of its protagonists, the result of a subtle and powerful form of censorship, fuelled by doubt and caution, they don't talk about it and, when they do, they downplay its importance. And that's not fair.

The Catalans, all of us, and all free-spirited people who understand the just causes of nations oppressed or threatened by domination, deserve to know this history and the exemplary lesson of the struggle and determination of the Catalans of New York. They knew how to read the pulse of geopolitics at the highest level and understood the powerful force of the ideal of the self-determination of peoples that shaped the Charter of the United Nations. They drafted a document that, beyond being an extraordinary testimony, was a liberation project that is still valid in the 21st century as a guide on the path to the full freedom of peoples and the establishment of an international political, economic, social and cultural order for the good of all, and for a future worth living and working for.

ANDREU MARFULL PUJADAS
March 11, 2025

Thanks to Josep Almeda i García, Guillem Carbonell i Armengol, Joan Creixell, Josepa A. Ivern i Prats, Josep Millàs i Estany, Jordi Miravet i Sanç, M. Antònia Oliver, Nemesi Solà i Franquesa, Lluís Torner i Pous, Albert Roqué and George Carner.

"THE CASE OF CATALONIA"
Appeal to the United Nations (1945)

Appeal to the United Nations asking for international recognition of the Catalan nation and to exercise the right to self-determination, presented by the Delegation in the United States of the Catalan National Council (known in Catalan as the Consell Nacional de Catalunya, of London) at the International Organization Conference held in San Francisco. Document published and distributed in English, printed in New York by Canals Press, dated April 14, 1945.

The original documentation of the activity of the Catalan National Council's Delegation in the United States is in the documentary fund of Josep Carner-Ribalta of the Arxiu Nacional de Catalunya (ANC), Code ANC1-279.

The English version is transcribed below, maintaining the editorial composition of the original work. All footnotes are in the original text.

The appeal consists of a cover, with its index, and three documents:

- Letter to the governments of the United States, the United Kingdom, the Soviet Union and China, as sponsors of the United Nations Conference, requesting the admission of the appeal to the United Nations.
- Appeal to the United Nations.
- Appendices, with information on the history of Catalonia and the accessions of the Catalan communities in America.

THE CASE
of
CATALONIA

APPEAL

to the UNITED NATIONS

at the INTERNATIONAL ORGANIZATION CONFERENCE

San Francisco, California

April, 1945

CATALAN NATIONAL COUNCIL
(United States Delegation)

THE CASE
of
CATALONIA

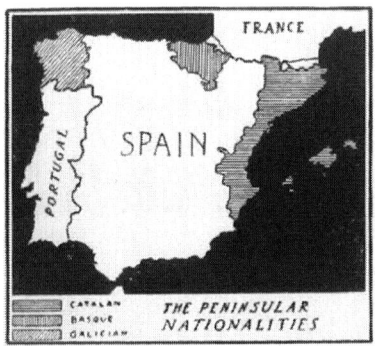

INDEX

To the United States of America,
the United Kingdom of Great Britain and Northern Ireland,
the Union of Soviet Socialist Republics, and
the Republic of China,
Sponsors of the United Nations Conference on
International Organization at San Francisco.

Inasmuch as Catalonia (in spite of her present subjugation under Spain) is a well-defined nation,[1] as proven by her history, her ethnological characteristics, her particular language, her own literature and culture, her specific laws, her customs and traditions and, above all, her permanent and manifested will and her desire to regain national sovereignty;

Inasmuch as Catalonia (because of her unrecognized status as a nation) cannot adhere to the United Nations Declaration nor declare war on any Axis power and so gain admission to the San Francisco Conference;

Inasmuch as Catalonia, being occupied by the Fascist armies of General Franco, cannot proclaim her *de facto* state of belligerency against the Axis nor gain official recognition for her many sons fighting now in the United Nations' Armies;

Inasmuch as Catalonia cannot, in justice, be classified as a neutral nor legally as an Ally, although she is a friendly nation still occupied by Nazifascism;

Inasmuch as, on the other hand, the legal institutions representative of Catalonia no longer exist (her president Lluís Companys having been executed by Franco[2] and her democratic Government disbanded and nullified);

We, therefore, in our own name, as members of the Catalan National Council[3] (United States Delegation), in the name of 75,000 organized Catalans residing on the American Hemisphere[4] and in the name of the people of Catalonia whose voice is now suppressed,

R E Q U E S T from the Sponsors of the San Francisco Conference:

---

1   See Appendix No. 1.
2   To be noted that Catalonia's President is the first and only head of a nation to be executed by Nazifascism.
3   See Appendix No. 2.
4   See Appendices No. 2a and No. 2b.

THAT, in view of these special circumstances and the unique position of Catalonia, in view that Catalonia is one of the few remaining nations in Europe whose national rights have not yet been recognized, CATALONIA BE CONSIDERED A SPECIAL CASE and since she cannot be legally represented nor actually participate in the proceedings of the Conference, BE ALLOWED TO PRESENT AND FILE THE FOLLOWING APPEAL TO THE UNITED NATIONS before their representatives at San Francisco.[5]

New York, April 14, 1945

J. CARNER RIBALTA   J. M. FONTANALS   J. VENTURA SUREDA
*Members of the United States Delegation of
the Catalan National Council in London.
(Registered with the State Department, on March 28, 1942.)*

---

5   We hereby respectfully request from you, as Sponsors, to forward this Appeal to the President of the Conference at San Francisco to be, at due time, included in the Agenda of the Conference.

APPEAL
TO THE UNITED NATIONS
ON BEHALF OF
CATALONIA

The special situation of Catalonia as a nation prevents her from having legal representatives and from being present at this Conference to participate with the United Nations in the charting of an international organization for peace and security. But it is precisely in view of Catalonia's unique situation that we have decided to present her case to your attention so that the national rights of 3,000,000 of Catalans[1] may be known to all the United Nations and may justly be considered in the charter for a new world. We are not presenting a problem of frontiers or political reconstruction, economical recovery or any such matters which are not to be attended to until after the security organization has been set up. We present a case for national liberty which requires solution or at least consideration precisely while the security negotiations are taking place.

Catalonia existed as a free nation until 1714, when she was finally incorporated by force into the Spanish state, and is one of the few remaining nations in Europe whose national rights have not yet been recognized. This makes the case of Catalonia almost an obsolete problem, mainly because most of the problems on the European nationalities were supposedly solved at Versailles. But Catalonia's was not; her liberties were not restored at the end of World War I like those of the other nationalities. It is for this reason that we present here her problem as a special case and as a matter which demands consideration and solution so that the Charter which is to be written for the new Europe does not become once more an injustice against Catalonia.

In a way, Catalonia's over-prolonged captivity and retarded liberation is due, more than to several military defeats, to repeated diplomatic misfortunes suffered by Catalonia. In 1713, by the Treaty of Utrecht, after a long war against her Spanish oppressor, Catalonia's rights were disowned by her own allies and sacrificed to power politics and matters of expediency. In 1919, at Versailles, in spite of the 18,000 volunteers of Catalonia

---

1 Properly, the Catalan lands include besides Catalonia, the old kingdoms of Valencia and the Balearic Islands, and also the old Catalan territory of Roussillon annexed to France. This forms Greater Catalonia, with a total population of almost 6,000,000 where the Catalan language is generally spoken.

contributed to the Allied armies, the rights of that unfortunate nation were once more overlooked. In 1924, at Geneva, due to the defective clauses of the League's Covenant, and to the presence of Spain in the League of Nations, which made impossible the required vote of unanimity of such matters, the League of Nations could not even consider Catalonia's demands for liberty. In 1937, at the Nyon conference, Catalonia's rights were disregarded but, on the other hand, the claim of Italy about "the right to intervene in Spain to prevent the setting up of an independent Catalan Republic"[2] was considered valid.

This traditional diplomatic indifference towards Catalonia's claims should not lead anyone to believe that the Catalan case has no bearing in the maintenance of permanent peace and security in Europe. The "Catalan Question" has been at the bottom of much of the unrest and political turmoil in the Iberian Peninsula during the last three centuries, and there has never been any aggressive power or force in Europe which has not tried, at some moment, to speculate on the Catalan discontent to enhance or secure success of their plans. As an example, we will mention that during the period of the French Revolution, Robespierre in person, with the aim of gaining Catalonia to his cause, visited Barcelona with the written "Constitution of Catalonia" in this brief-case. Scarcely a quarter of a century later, Napoleon Bonaparte, in order to gain a foothold in the Peninsula, actually created the "Catalan State" and tried to establish a Catalan government separate from that of the kingdom of Spain. In recent times, in the geopolitics of Germany[3] for the Mediterranean area, Greater Catalonia (that is to say the old Catalan Kingdom or the present territories of Catalan Language -Catalonia, Valencia, French Catalonia, and the Balearic Islands) was scheduled to play a big role against France and her African empire, although Catalonia did not accept the "New Order" of Nazism. As a final proof of the importance of Catalonia in the stability of Europe, any well-informed and clear-sighted statesman will admit that lest the national problem of Catalonia is satisfactorily solved, there will never be real peace and order in the Iberian Peninsula.[4]

---

2   A. B. Keith, "The King, the Constitution, the Empire, and Foreign Affairs", 1936-7, pp. 166-167.

3   "Spaniens Tor Zum Mitterlmeer und die Katalanische Frage", Franz Pauser (Teubner, Leipzig and Berlin, 1938) (See Appendix No. 2b).

4   See Appendix No. 3.

Now that a charter of the nations of the world is going to be definitively written for a durable peace, Catalonia can not let this opportunity pass without appealing to the justice of the United Nations for her due recognition, last new and irreparable mistakes are committed at the moment of the charting, and her national freedom be postponed indefinitely.

In appealing to you for justice, Catalonia wants to state her full aspirations and the full scope of her rights. We earnestly request that this Conference do not commit the same mistake of the Peace Conference at Versailles, which dismissed Catalonia's demands on the erroneous argument that it was a mere case of home rule, to be granted by Spain, and as such an internal problem, a "family conflict", to be solved within the Spanish state. Neither could we allow the United Nations to judge Catalonia's rights on the same basis as the League of Nations that classified them as a simple problem of a minority inside Spain. Catalonia is a nation and must be recognized as such before any regional organization can be established in Spain, in the Iberian Peninsula, the continent of Europe, on the liberated world.

It is unnecessary to tire your attention by detailing the historical, ethnical, linguistic and cultural reasons which prove the national characteristics of Catalonia; nor need we present any list of all persecutions and oppressions of which she is and has been a victim. Neither do we believe it necessary to adduce proof of her determination and ever-increasing will to live again as a free nation. We do not even need to point out that her struggle for freedom has continued through the centuries. In 1640, in the first attempt against her freedom, Catalonia fought against Spain (War of Secession) and proclaimed the Catalan Republic; in 1714, after her national rights were disregarded at Utrecht, Catalonia continued to fight against Spain and France, even after having been abandoned by her allies (England, Austria, Portugal and Holland); in 1931, Catalonia led in the Peninsula the democratic and civil revolt against the Bourbon Monarchy, proclaimed the Catalan Republic[5] and made possible the Spanish Republic; in 1931, Catalonia organized a national plebiscite in which 98% of the population proclaimed Catalonia's will of self-government; in 1934, after the Spanish Republic had fallen into the hands of the fascists and reactionary forces, Catalonia struck for democracy and national freedom and proclaimed the Catalan State as part of the Confederacy of Iberian Nations[6]; in 1936, upon the Nazifascist coup of Franco and

---

5   See Appendix No. 4.
6   See Appendix No. 5.

Falange, Catalonia became the bulwark of antifascism and fought at the same time for her national freedom.

There is, however, a matter which should be set forth here very clearly to end all possible misconceptions. We refer to the permanent and inalterable nature of the Catalan problem. In other words, the basic terms of the Catalan aspirations do not change with the existence of a more or less liberal regime in Spain, not with a greater or lesser degree of persecution of oppression. For instance, Catalonia's aspirations are independent of the existence or non-existence of Franco in Spain. Catalonia has been an oppressed nationality under the Monarchy, under the Spanish Republic, and under Franco.[7] The removal of Franco *alone* will not solve the Catalan national problem, as it was not solved by the overthrowing alone of the Bourbon Monarchy. Catalonia fights Franco and is trying to overthrow his fascist regime, and in the same spirit she is fighting for the destruction of Hitler and Hirohito. Franco is Catalonia's present tyrant, but in the dual function of representative of Nazifascism and representative of the Spanish Unitarian State. The replacement of Franco will free Catalonia from Nazifascism but it will not make Catalonia free from Spanish oppression.

This takes us to the real danger of any Catalan "solution" carried out under the light of routine and misconception. For this reason we appeal here-with to the United Nations before any decision be taken and any commitment be made with regard to Spain. Too many people erroneously believe that the Catalan case is merely a Spanish problem. It is not so. There is a tendency to classify the Catalan question among the internal problems of Spain. The conflict between Catalonia and Spain, as any problem between an oppressed nationality and her oppressor, has always been of an international nature. Catalonia is not a Spanish conflict but a European problem. In these terms the problems of the other European nationalities were solved at the peace table at Versailles.

To class the Catalan question among the internal problems of the Spanish State is to appoint Catalonia's oppressor to be sole judge and jury in a conflict in which it is itself a contending part. Catalonia, or any other oppressed nation, cannot expect justice from her own oppressor.

---

7   See Appendix No. 6.

As history shows, not even a liberal and democratic Spain, of the type of the Spanish Republic, is capable of solving the Catalan national problem.[8] [9] Most of the leaders and the statesmen of the former Spanish Republic live in the erroneous notion that the principles and the clauses of the Atlantic Charter apply to the Spanish State but do not apply to Catalonia and the other nationalities incorporated by force into the Spanish State.

Hence Catalonia cannot accept the premise that her national liberty is to be identified and confused with the problem of restoring democracy and restoring the republican regime in Spain. At its due time, the United Nations will have to confront the Spanish problem, and Catalonia will help with all her strength to solve it, but its denomination and solution has no direct relation with Catalonia's problem of national liberty.

Let no one misinterpret this statement. Catalonia is vitally interested in democratic Spain.[10] 150,000 Catalan youths died in the Spanish Civil War to eradicate Fascism from Spain and to secure the subsistence of democracy in the Iberian Peninsula. But it is as Catalans that the people of Catalonia want to participate in the welfare of the Iberian block of peoples.[11] They want their rights as a nation to be recognized, so that Catalonia, through self-determination, can be free to join in the political reorganization of the Peninsula. Once free and duly recognized as a nation, Catalonia will be in a position to consider, for instance, a Confederacy of Iberian States, on the basis of equal rights and voluntary association, in which Catalans, Basques, Galicians, Spaniards, and Portuguese could participate.

On the other hand, Catalonia being absolutely identified with the cause of the United Nations -in whose armies so many of her sons are fighting on all the fronts- declares her willingness to accept the sacrifices the reorganization of Europe may demand of her, no matter how jealous she may be of her sovereignty and freedom as a nation.

Summing up, Catalonia
REQUEST from the United Nations:

---

8   In 1942, the Spanish Republic granted Catalonia a Home Rule Statute which fell considerably short of the demands made by Catalonia through referendum. The Statute, naturally, proved to be insufficient.

9   See Appendix No. 7.

10   See Appendix No. 8.

11   Id.

a) THAT her delayed case of national liberation be, from this moment, scheduled as one needing immediate solution.
b) THAT her case for self-government be filed for immediate solution under the principles and the clauses of the Atlantic Charter, independently of any regional solution contemplated for Spain.
c) THAT her position in the political organization of Spain be decided by herself, through plebiscite of the Catalan nationals, after recognition of her status as a nation.
d) THAT any further disagreement or dispute between Catalonia and Spain be submitted for hearing before the United Nations Council or the International Court of Justice on its behalf.

In submitting her claim for national liberation before this Conference and before the international public opinion, Catalonia expects justice from the United Nations.

New York, April 14, 1945

J. CARNER RIBALTA   J. M. FONTANALS   J. VENTURA SUREDA
*Members of the United States Delegation of
the Catalan National Council in London.*
(Registered with the State Department, on March 28, 1942.)

THE CASE OF CATALONIA
APPENDICES

APPENDIX No. 1 -

EXISTENCE OF THE CATALAN NATION THROUGH THE AGES
(Her national status since the VIII century)

- Two centuries under the dependency of the Frank emperors.
- Four centuries of national independence.
- Three centuries of union with Spain through pact. (1469)
- Two centuries of Castilian domination by right of conquest. (1714)
- Four years of limited and insufficient home rule, granted by the Spanish Republic in 1932.
- Six years under fascist domination and complete subjugation to Spain through Franco (1939).

APPENDIX No. 2 -

THE CATALAN NATIONAL COUNCIL
Established in London in 1940, its members are:

PRESIDENT:		Carles Pi-Sunyer
COUNCILORS:	(in London)	Josep M. Batista i Roca
		Dr. Josep Trueta
		Fermí Vergès
		Ramon Parera
	(in U.S.A.)	J. Carner Ribalta
	(in Mexico)	Josep Carner
		Josep Tomàs i Piera
		Baltasar Samper
		Ferran Zulueta
		Dr. Salvador Armendares
		Dr. F. Paniello
	(in Cuba)	J. Conangla i Fontanilles
	(in Colombia)	Dr. Antoni Trias
		Joan de Garganta
	(in Bolivia)	Dr. Santiago Pi-Sunyer
	(in Argentina)	M. Serra i Moret
		H. Nadal i Mallot
	(in Uruguay)	F. Bergós Ribalta
	(in Catalonia)	X (A member of the underground movement "Front Nacional Català")

APPENDIX No. 2a -
ORGANIZED CATALANS IN EXILE HAVING AUTHORIZED THE UNITED STATES DELEGATION OF THE CATALAN NATIONAL COUNCIL TO PRESENT THE NATIONAL ASPIRATIONS OF CATALONIA TO THE UNITED NATIONS

ARGENTINA:

Casal de Catalunya...Buenos Aires
Associació Mutualista Montserrat ....Buenos Aires
Protectora Ensenyança Catalana...Buenos Aires
Comitè Llibertat ....Buenos Aires
Radio "Hora Catalana" ....Buenos Aires
Revista "Ressorgiment" ....Buenos Aires
Casal Català...Córdoba
Centre Català ....Rosario
Centre Català ....La Plata
Centre Català ....Bahía Blanca
Grup Patriòtic Català...Mendoza
Societat Catalana d'Estudis Socials Econòmics i Polítics.........Buenos Aires

CHILE:

Agrupació Patriòtica...Santiago
Centre Català ....Santiago
Revista "Germanor"...Santiago
Hora Radial Catalana..Santiago
Auxili Mutual...Santiago
Revista "Noticiari Català"...Santiago
Grup Escènic Vilanova ....Santiago
Orfeó Català..Santiago
Grup Esportiu Barcelona..Santiago
Centre Català ....Valparaíso
Centre Català ....Concepción
Del. Comunitat Catalana...Valdivia
Del. Comunitat Catalana...Cautin
Del. Comunitat Catalana...Curico
Del. Comunitat Catalana...Linares

COLOMBIA:

Comunitat Catalana..Bogotá
Comissariat Ensenyança Catalana ....Barranquilla

COSTA RICA:

Comunitat Catalana..San José

CUBA:

Centre Català ....Havana
Club Separatista Havana ....Havana
Revista "La Nova Catalunya" ....Havana
Grup N.R. "Catalunya" ....Santiago

DOMINICAN REPUBLIC:

Club Català..Ciudad Trujillo

ECUADOR:

Del. Consell Nacional Català....................................Guayaquil

GUATEMALA:

Del. Catalan Colony...Guatemala City

MEXICO:

Comunitat Catalana..Mexico City
Acció Catalana...Mexico City
"El Poble Català"...Mexico City
Estat Català..Mexico City
Orfeó Català..Mexico City
Esquerra Catalana (Secretariat)...............................Mexico City
Unió General de Treballadors ....Mexico City
Partit Socialista Català..Mexico City

URUGUAY:

Casal Català..Montevideo
Hora Catalana de Radio ....Montevideo
Protectora Ensenyança Catalana.............................Montevideo

VENEZUELA:

Catalan Delegation..Caracas

U.S.A.:

Casal Català...New York
"Free Catalonia"..New York

On March 2, 1943, the United States Delegation of the Catalan National Council sent the following telegram to the aforementioned Catalan groups in the American Hemisphere:

"PRESUMING THAT POSSIBLE EMERGENCIES MAY SOON ARISE IT IS URGENT THAT YOU CABLE US YOUR AUTHORIZATION TO ACT BEFORE THE UNITED NATIONS ON BEHALF GROUPS IN YOUR TERRITORY IN PRESENTING NATIONAL ASPIRATIONS OF CATALONIA"

The answers follow: (translation of cables & letters)

FROM SANTIAGO DE CHILE:

CATALANS IN CHILE FULLY AUTHORIZE YOUR DELEGATION TO ACT ON OUR BEHALF BEFORE CHANCELERIES. (Signed: Agrupació Patriòtica; Centre Català Santiago: Centre Català, Valparaíso; Centre Català, Concepción; Delegations at Valdivia, Cautin, Curico and Linares; Revista "Germanor"; Hora Radial Catalana; Auxili Mutual; Revista "Noticiari Català"; Grup Escènic E. Vilanova; Club Esportiu Barcelona).

FROM MEXICO CITY:

ANSWERING YOUR CABLE WE FULLY AUTHORIZE YOUR DELEGATION TO ACT BEFORE CHANCELERIES IN PRESENTING OUR PROBLEM ON BASIS NATIONAL COUNCIL. (Signed: Tomàs i Piera, President Comunitat, Aymamí, Director "Poble Català").

TOTALITY OUR FRIENDS ADHERE TO MOVEMENT OF CATALAN COMMUNITIES. WILL SUPPORT ACTION YOU FOLLOW IN ACCORDANCE WITH INSTRUCTIONS LONDON COUNCIL. (Signed: Acció Catalana, Bosch, Peypoch).

ESTAT CATALA AUTHORIZES YOU TO ACT BEFORE CHANCELERIES PROVIDED COMPLETE RECOGNITION OF CATALAN NATIONAL SOVEREIGNTY IS ASKED. (Signed: Marcelí Perelló).

ASSEMBLY SECRETARIAT OF THE CATALAN REPUBLICAN LEFT PARTY (MEMBER OF CATALAN COMMUNITIES AMERICA) AUTHORIZES YOUR DELEGATION TO ACT ON ITS BEHALF BEFORE CHANCELERIES IN PRESENTING THE CATALAN NATIONAL PROBLEM IN ACCORD WITH THE LONDON COUNCIL. (Signed: Joan Loperena, Secretary).

THE SECRETARIAT OF THE WORKERS' GENERAL UNION, WHICH SUPPORTS THE MOVEMENT OF NATIONAL REIVINDICATION HEADED BY CARLES PI-SUNYER, PRESIDENT OF THE CATALAN NATIONAL COUNCIL ESTABLISHED IN LONDON, INFORMED THAT YOUR DELEGATION IS REQUESTING THE AUTHORIZATION OF THE NUCLEI OF CATALANNS IN EXILE URGES YOU TO REPRESENT THE MEMBERS OF CATALONIA'S GENERAL UNION OF WORKERS BEFORE CHANCELERIES. (Signed: Miquel Ferrer, Secretary General; Joan Fronjosà, Joan Gilabert, Members of the Secretariat) (A cable from the CATALAN SOCIALIST PARTY, signed by Ferrer, was received considerably mutilated by the Censor's office. The authorization was confirmed later by letter).

From Colombia:

COMUNITAT CATALANA COLOMBIA AUTHORIZES NEW YORK DELEGATION CATALAN NATIONAL COUNCIL IN LONDON TO ACT ON ITS BEHALF IN PRESENTING CATALAN PROBLEM. (Signed: Antoni Trias).

COMMISSARY DELEGATION ENSENYANÇA COMMUNITAT REQUESTS NATIONAL COUNCIL LONDON IN NEW YORK TO PRESENT NATIONAL PROBLEM. (Signed: Solé Pla, Vinyes, Rabat).

From Cuba:

IN ANSWER TO YOUR LETTER, WE ARE PLEASED TO AUTHORIZE YOU ON BEHALF CENTRE CATALA CLUB SEPARTISTA HAVANA LA NOVA CATALUNYA TO REPRESENT THEM IN THE PRESENTING NATIONAL CAUSE WITH THE TEXT OF THE DECLARATION OF THE CENTRE CATALA OF HAVANA ON AUGUST 1943. (Signed: Josep Conangla, President. Carles Gubern, Director "La Nova Catalunya", Joan Torres Picart, Secretary).

(In a letter received from Santiago de Cuba, signed by S. Carbonell and J. Sais Julià, Chief Councilor and Secretary, respectively, of the Group N.R. "Catalunya", they say: "WILL SEND FULL AUTHORIZATION WITH THE UNDERSTANDING THAT THE PRINCIPLES OF CATALONIA FULL INDEPENDENCE ARE FOLLOWED")

From Argentina:

WE FULLY AUTHORIZE YOU TO REPRESENT US BEFORE UNITED NATIONS IN SUBMITTING LIST CATALAN NATIONAL ASPIRATIONS. (Signed: Casal Catalunya, Associació Mutualista Montserrat, Protectora Ensenyança Catalana, Comitè Llibertat, Ràdio Hora Catalana, Revista "Ressorgiment", all of Buenos Aires, and Casal Català de Córdoba, Centre Català Rosario, Centre Català La Plata, Centre Català Bahía Blanca. Signed: Escolà, President, Joan J. Llorens, Secretary).

The Catalan Society of Economic Studies in Buenos Aires sent a letter confirming adherence to the contents of the cable sent by the Catalan Community of Buenos Aires, in which their name was involuntarily omitted.

ON BEHALF OF CATALANS MENDOZA WE AUTHORIZE YOU TO ACT IN ACCORDANCE YOUR TELEGRAM. (Signed: Catalan Patriotic Group, Francesc X. Cortada).

From Uruguay:

WE AUTHORIZE YOU TO PRESENT OUR PROBLEM BEFORE CHANCELERIES. (Signed: Casal Català, Hora Catalana, Associació Protectora Ensenyança Catalana).

From the Dominican Republic:

WILL SUPPORT WHATEVER ACTION IS TAKEN BY THE CATA-
LAN NATIONAL COUNCIL IN LONDON, IN ACCORDANCE WITH
THE POLICIES HERETOFORE EXPRESSED BY THE AFOREMEN-
TIONED COUNCIL. (Signed: Eduard Barba, Secretary Catalan Club).

From Costa Rica:

CATALANS ARE BEING ORGANIZED IN COSTA RICA, WILL
SEND AUTHORIZATION IN DUE TIME. (Signed: Silvestre Isern).

From Ecuador:

AUTHORIZE THE NEW YORK DELEGATION. (Signed: L. Vidal
Guitart, Delegate of the Catalan National Council in Guayaquil).

From Venezuela:

CATALANS ARE BEING ORGANIZED IN CARACAS, SEND AU-
THORIZATION ON THEIR BEHALF. (Signed: Dr. August Pi-Sunyer).

From Guatemala:

IN THE NAME OF CATALAN COLONY IN GUATEMALA CITY, I
AUTHORIZE NEW YORK DELEGATION TO ACT ON ITS BEHALF.
(Signed; Enric Segura Guardiola).

APPENDIX No. 2b

IMPORTANCE OF THE CATALANS IN LATIN AMERICA
From a report by Bureau of Latin American Research, 1714 Rhode Island
Avenue, N. W. Washington, D.C., No. M-12, June 22, 1942:

NOTES ON THE CATALANS IN LATIN AMERICA
(Organizations & Publications)

INTRODUCTORY NOTE

Waldo Frank, in his book *Virgin Spain*, writes that "the Catalan of Spain is an
outsider within the gates". This truism is often overlooked or not comprehended,
and people wonder why it is that when a native of the province of Catalonia is
asked his nationality he replies "Catalan" and not "Spanish".

The "Catalan Question", just like the "Basque Question", has long been a main
concern of the succeeding Spanish governments, but not until the close of the
Spanish Civil War did the Catalan problem have any significance in inter-Ameri-
can affairs. Its extension to Latin America has been caused by the arrival there of
thousands of Catalan refugees, who, although Spanish subjects, maintain enough
of their Catalan individuality to warrant the study of their groups independently
from the Spanish elements in Latin America.

The Catalans in Latin America, numbering about 75,000, are almost all members of Catalan centers or cultural organizations. They are all militant anti-Fascists, for Fascism represents the negation of their regional autonomy, and is also contrary to the liberal traditions of Catalonia.

The following notes on Catalonia and its culture have been secured in interviews with Catalan leaders in New York, and naturally give their point of view of the "Catalan Question". They are presented here merely to give background to the activities of the Catalan groups in Latin America and to the premises on which these activities are based. This office does not in any way pass judgment on these Catalan claims, for an analysis of the "Catalan Question" would require hearing the various conflicting sides.

POLITICAL HISTORY OF CATALONIA

Catalonia became a national entity in the 12th century. From the 13th to the 15th centuries Catalonia reached the peak of her political and cultural splendor. Confederated with Aragon, Catalonia preserved full sovereignty with an autochthonous dynasty and the Catalan king was the bond of union between the Catalans and the Aragonese.

Catalonia liberated the Balearic Islands from the Saracens, as well as the lands of Valencia, which became Catalan territory. Catalonian expansion continued to Sicily, Sardinia, Naples, Greece and Asia Minor.

The decadence of Catalonia began in 1410 when, at the death of the Catalan king, Marti the Humane, the Catalan-Aragonese throne was occupied by a Castilian king, Fernando de Antequera. The marriage of Fernando de Aragon and Isabela de Castilla united the two great peninsular realms. The discovery of America, made possible with Catalan money and Catalan effort, was carried out exclusively in the name of Castile. The Catalans were forbidden to participate in the colonization of the New World and were even forbidden to trade with it. But it must be pointed out that some of the greatest missionaries of the Faith and founders of missions were Catalan, like for instance Junipero Serra in California and Saint Xavier in the Philippines.

Catalonia rebelled against the increasing domination of Castile in 1640 and again in 1714. As a result of this second war Catalonia lost her political liberties and was integrated into the Spanish nation.

In modern times Catalonia acquired a new consciousness of her own national personality. In the 20th Century, through persistent cultural and political effort Catalonia obtained its autonomy with the advent of the Spanish Republic in 1931. The triumph of Franco in Spain has sunk Catalonia into political subjugation.

CATALAN LANGUAGE AND CULTURE

The Catalan language evolves from the Latin vulgate. It has its own definite personality as a romance language just like French, Italian, Castilian, Portuguese, Roumanian. As a popular language it is contemporary with the other Neo-Latin languages, but as a literary language it precedes the others by centuries.

The first documents written in Catalan date from the 11th century, and the first literary texts from the 13th. From the 13th to the 15th centuries Catalan was used in all public life. The "counts-kings" of Catalonia and Aragon used Catalan simultaneously with Latin in international relations.

The first philosophy in popular language is written in Catalan. The Catalonian Parliament was the oldest in continental Europe. Literature and science flourished in all their aspects with the use of Catalan. Ramon Llull, Arnau de Vilanova, Eiximenis and Sibiuda were medieval Catalan thinkers. Andreu Febrer was the first translator of the "Divine Comedy" and one of the great poets of antiquity.

STRATEGIC IMPORTANCE OF CATALONIA

The importance of Catalonia in European war strategies is discussed in a booklet entitled "Axis Plans in the Mediterranean", published in 1939 by the London General Press, and prefaced by Captain Lidell Hart.

Germany is seen as wishing to create a source of unrest for France on the Pyrenean frontier, the frontier with Catalonia, in order to force France to keep a number of army corps along this border.

The article makes reference to a book by Franz Pauser, called "Spaniens zum Mittelmeer und die katalanische Frage", (Teubner, Leipzig and Berlin, 1938). The book forms part of the series "Macht und Erde".

Pauser points out how Catalonia could offer a land communication uniting France with her African empire, and writes "Actually Greater Catalonia would be a land bridge to Africa and to its human material resources. I would, in fact, signify the coalescence of the lands and races *de la plus grande France, la France des cent millions*".

Pauser goes on, "Even if the project of founding a 'Greater Catalonia' should come to naught, Catalonia proper in conjunction with the island of Minorca, which is still not in Franco's hands, would suffice to throw Italy's sea-power back on the Tyrrhenian basis and seriously endanger at the same time the Italian position in Sardinia". This last sentence contains the strategical reason of the January, 1939, offensive against Catalonia as a preliminary preparation of a larger move against France.

One page from the booklet deserves attention:

"If a free Catalonia could be of such importance for the security of France it is only natural that the German writers, pursuing the plans for the encirclement of France, should be against the recognition of any degree of liberty to Catalonia. General Franco is putting this plan into practice. "According to Pauser Spain must dominate Catalonia because it is the richest country in the Peninsula from which much revenue from taxation out of wealth could be obtained.

"Another German military writer, Dr. Hermann Gackenholz, who writes on 'The position of Spain's military policy", insists also on the strategic importance that a free Catalan state should have for France. 'Therefore,' he concludes, 'the Government of National Spain can never accept the setting up of a Catalan State,' ...

"Italy also holds the same view ... Dr. Giovanni Ansaldo, writing in 'Il Telegrafo' (Leghorn, January 17th, 1939), a paper expressing Count Ciano's views, states that Italy fights in Spain against French imperialism. According to him it has always been French policy, since Charlemagne, to set up a Catalan State whenever she was threatened from the Peninsula. Italy has in Spain direct interests perfectly contrary to those of France. Italy is interested in rebuilding the unity of Spain and in creating a vigorous state. The Italian interests are that Nationalist Spain should become master again of Catalonia."

CATALANS IN EXILE

The autonomous government of Catalonia had until the uprising of Franco dedicated every effort to the reconstruction of the personality of Catalonia. In the last thirty years all organisms and institutions, models of democracy and liberty, had been revived.

At the time of the civil war Catalonia was on the threshold of another period of full realization of its personality. Its government, its academicians and professors, its artists and writers, its men of science, doctors, technicians and specialized workers went to France as a result of mass-exile when Franco entered Catalonia. In France, Catalan culture and Catalan life found refuge. France absorbed men of science, professors, intellectuals and artists. These peoples, grouped about the exiled Catalan government, were maintained in a compact unity to preserve Catalan culture, and worked toward reconstruction under the auspices of the French government, universities and French intellectuals.[12]

---

12 Catalonia in exile organized artistic manifestations which received great admiration. A graphic resume of Catalan art, "L'Art Catalan", was edited under the auspices of the Direction Generale des Beaux Arts, Ministers & Instruction Publique de France."

The collapse of France, however, made the position of the Catalan refugees in France very precarious, for many were threatened with being turned over to the Franco government. Indeed some were, including the exiled president of the Catalan "Generalitat" (Parliament), Lluís Companys, who was executed. Many were more fortunate, and after months in refugee camps, found their way to Latin America, where small Catalan colonies already were settled and had contributed to the development of the Latin American republics.[13] But many are still in France.

The Catalans in Latin America, through membership in their various clubs and associations, present a fairly solid front. A Catalan Council has been formed in London, headed by Carles Pi i Sunyer, and it has been received unofficially at the Foreign Office. A United States delegation of the London Council was recently established in New York and is integrated by J. M. Fontanals, J. Ventura Sureda, J. Carner-Ribalta and J. A. Gibernau (secretary general). The above delegation was registered with the State Department on March 28, 1942.

In February 1940 a manifesto was issued by the New York Catalan Club, "Casal Català"[14], and sent to all the centers in Latin America, urging that a congress of Catalan centers be held in New York to create a "Federation of Catalan Entities of America" in order to give the Catalans in exile a centralized directing body under the leadership of a prominent Catalan. Although almost all of the Latin American groups favored the proposal, they stated they were in no position to send delegates, so the congress was never held. The Catalan whose name was most frequently mentioned as the possible leader of the Catalans in exile was Pablo Casals, the cellist. Although no organized link exists between the Catalan groups in Latin America and the New York and London groups, they are all in close contact and try to coordinate their activities as much as possible.

CATALAN ORGANIZATIONS IN LATIN AMERICA

(The Bureau of Latin American Research ends its report by giving a list of the Catalan organizations, publications and radio broadcasting units throughout

13   The role played by the Catalans in the history of Buenos Aires and Argentina during the campaigns of 1805-09 is traced in *Los Catalanes en la Argentina*, by R. Monner Sans (1927); the participation of Catalans in Cuban affairs up to 1898 is related in *Los Catalanes en América: Cuba*, by Carlos Martí (1918)."

14   The "Casal Català" in New York publishes a new monthly paper printed in Catalan and English, called "Free Catalonia". It has among its purposes to interpret American policy to the Catalan colonies throughout Latin America, and in turn present to the United States the outstanding points of the "Catalan Question", and possible program for the reconstruction of the political structure of Spain after the war.

this Continent, but it has become obsolete on account of the many additions and reorganizations since June 1942, when the report was issued. For a fairly complete list of these organizations we refer the reader to the list of Catalan groups in Latin America given in Appendix 2a).

APPENDIX No. 3
SPAIN A PLURINATIONAL COUNTRY
From the essay "Suggested Bases for a British Policy to Spain", by William C. Atkinson. - "The Fortnightly" review, London, February 1945:

Students of Spain know that there is no reality in that country more immediate and more persistent than the regional issue. Spain is still plural in a sense in which Great Britain has long ceased to be. Catalonia and the Basque provinces have their different languages, traditions of administration and of political outlook, cultural affinities, and economic interests, the whole constituting a sense of nationalism that is at its most live and explosive when Castilian centralism is most confident of having stamped it out. It is not incidental that these two regions are beyond question the most progressive, the most western in outlook, and the most politically mature in Spain; but the problem in the past has only been exacerbated thereby, for Castilian pride finds the recognition hard, and is slow to realize that it is often Castilian, and not Catalan or Basque, intransigence that prevents the integration of all three into a higher Spanish unity. Where elements in a nation are prepared to take up arms in defence of their rights, it is reasonable supposition that there exists a case for objective enquiry. Catalans and Basques would not take exception to the generalization of that criterion.

APPENDIX No. 4
PROCLAMATION OF THE CATALAN REPUBLIC
by President Francesc Macià, on April 14, 1931.

"People of Catalonia!

"in the name of the people I proclaim the Catalonian state which, with all cordially, we shall endeavor to incorporate in the Federation of Iberian Republics.

"From now onward is formed the Government of the Catalonian Republic which will meet in the Palace of the Generalitat.

"Those who form the Government of Catalonia will now and henceforward be ready to defend the liberties of the Catalan people and to die for them. Let us hope that you, Catalonians, will be prepared, like all of us to die for Catalonia and the Republic."

(translated from the Catalan)

APPENDIX No. 5

PROCLAMATION OF THE CATALAN STATE

by President Lluís Companys, on October 6, 1934.

"Catalans!

"En aquesta hora solemne, en nom del poble i del Parlament, el Govern que presideixo assumeix totes les facultats del Poder a Catalunya (i) proclama l'Estat Català de la República Federal Espanyola..."

Translation: (In this solemn hour, in the name of the people and the Parliament, the Government over which I preside assumes all the functions of power in Catalonia (and) proclaims the Catalan State of the Federal Spanish Republic ...)

APPENDIX No. 6

CATALONIA DEPRIVED OF HER NATIONAL RIGHTS UNDER
THE SPANISH MONARCHY, THE SPANISH REPUBLIC
AND THE SPANISH FASCIST REGIME

- From the Decree by Philip V of Spain, in 1714, invoking the right of conquest to abolish the Catalan liberties:

  "Habiendo pacificado por las armas el territorio de Cataluña, toca a mi soberanía establecer gobierno en él."

  (Having pacified by the arms the territory of Catalonia, it belongs to my sovereignty to establish a government in it.)

- From the Decree of the President of the Spanish Republic, of January 2, 1935, abolishing the Catalan home rule granted by the Spanish Cortes in 1932:

  "Art. 1° - Quedan en suspenso las facultades conferidas por el Estatuto de Cataluña..."

  (The faculties granted to Catalonia by her Statute will remain in suspense...)

- From the Decree by Franco, April 5, 1938, definitively revoking the Statute (home rule) for Catalonia:

  "... el Estatuto de Cataluña, en mala hora concedido por la República, dejó de ser válido, en el orden jurídico español, el día 17 de julio de 1936.

  "... la entrada de nuestras gloriosas armas en territorio catalán... plantea el problema... de restaurar... el principio de la Unidad de la Patria... etc."

  (... the Catalan Statute, in an evil hour granted by the Republic, ended to be valid, in accordance with the Spanish laws, on July 17, 1936.

(… the entrance of our victorious armies into the Catalan territory[15] raises the problem… of restoring… the principle of the unity of the fatherland… etc.)

APPENDIX No. 7

SPAIN versus CATALONIA

Under the title "*España frente a Cataluña*", A. Sieberer, an Austrian journalist, has published a well-informed book, from which we quote:

"In the XV century Castile had, within her domain established by force, riches, and success, all the peoples of the Iberian Peninsula… The simultaneous uprising of Portugal and Catalonia… was a sign of the exhaustion of the Castilian power. The peripheric forces started to surpass those of the center. Portugal gained her independence; Catalonia had to return to the Austro-Spanish yoke. The 1640 rebellion is a clear proof that Castile had not succeeded in her attempt to assimilate the Iberian peoples and merge them into an unified Spanish nation.

"Castilians have retained from their old days of glory a disproportioned arrogance. They consider themselves the backbone of Spain; they behave themselves as though they belonged to a higher degree of civilization entitling them to rule over the other races in Spain… As long as this arbitrary idea of values remains in the mind of the Castilians, there will be no peace in the country.

" . . . . It is madness to try to impose oneself on a union among the different parts of a big state, when these nuclei have reached full age, and when one has no more the power to obtain it forcibly. This is the fruit of an unreasonable and whimsical spirit, devoid of the knowledge of reality and ignorant of the sense of how to use force. Here is the reason why Spain has lost all her colonies and keeps an unending agitation within the country.

"The incapacity of the Castilians to live in sincere community with brothers of equal rights; their incapacity to consider the ideals and peculiarities of others as rightful as their own; the incapacity of democratic self-sacrifice, are the causes of the decadence of Spain. Castile has not only spread the seed of discord with her unruly centralism, but has also deprived the development of the natural forces of the different peoples and of the very Spain itself. Castile's ideal is comparable to a gold head on a clay statue.

---

15 Note the invocation of the right of conquest in identical terms as Philip V, in 1714.

"This domineering spirit and this assimilating furore is still making victims. The field is smaller day by day, but Catalonia has been chosen as the principal victim."

THE POLITICAL RELATIONS BETWEEN THE IBERIAN PEOPLES

The Catalan Society of Political, Economic and Social Studies, established in Buenos Aires, has issued the following statement, signed by Pelai Sala, President, Joan Cuatrecasas and P. Mas i Parera:

"The Iberian Peninsula forms a geographical group of peoples over which, at different times though history, one of them has tried to build a political unity. The results have been diverse. The fact that, in recent times, the attempt of establishing and consolidating such a political unity has been conducted under the form of an unitarian state, ignoring all ethnic and linguistic characteristics of the different Iberian peoples, has created much discontent and even violent reactions from the different groups towards the coadjutor for the Spanish state, namely, Castile.

"In Castile the idea of the absolutist state is preponderant and this has been the cause of wars and of an enormous amount of energies lost in trying to impose this sort of state. And since absolutism is no law, but force and compulsion, during the last centuries the Iberians have lived through a permanently latent revolt. This has given the nuclei which could have become normal vehicles for order and consolidation, an appearance of perturbing elements of the life of the Spanish state.

"Nevertheless, through her assimilative policy, Castile has succeeded in reducing to her way of life several of the peoples which in the Middle Ages had' attained a more or less perfect form of state life of their own. But she has failed to reduce some others. That is why the attempt at political unity in the Peninsula started at the end of the XV century under the pretext of a catholic union, has not succeeded as its initiators and continuators had expected. An independent Portugal is the best proof thereof. On the other hand, the subsistence, through all vicissitudes, of living nations such as the ethnico-linguistic groups of Basque Country-Navarre, Catalonia-Valencia-Balearic Islands, and Galicia-Portugal, is another proof of the failure of the unitarian form which Castile has tried to impose to hold together the Spanish state.

"For the prosperity of each and all the peninsular nations -Castile, Catalonia, Basque Country and Galicia-Portugal- and for the normalization of their interrelation, it is most urgent to bring about a total reorganization of their political life, on the basis of (1) a true conciliation of the different claims to national sovereignty, (2) a real spirit of cooperation which would eliminate any hegemonic ambition of any particular group, and (3) a general sense of duty from every peninsular nation to contribute to the reconstruction and peace of Europe and the prosperity of the world.

"CONCLUSIONS: 1) Neither a Spanish unitarian state, nor a policy of precarious autonomic concessions, nor a complete separation of the different nationalities, would bring about the fulfilment of the mission reserved to each of the Iberian peoples in the present currents of international cooperation, human solidarity and universal democracy. 2) The political relations between the Iberian nationalities should be directed to promote a mutual collaboration of the different peoples, within a regime of reciprocal respect and trust, so as to allow each nationality to work out its destiny for the general benefit of the Iberian complex."

APPENDIX No. 8

THE POLITICAL RECONSTRUCTION OF THE IBERIAN PENINSULA
From a Declaration by the Catalan National Council in London, signed by its President, Carles Pi-Sunyer, on August 24, 1944:

"We Catalans have a deep and serious conception of Spain, a conception emanating from our Catalan conscience and mentality.

"In the course of generations and in numerous ways we have tried to harmonize the indestructible reality of Catalonia's natural individuality with a political organization of the Peninsula which would make possible not only tolerance but also active collaboration. The Catalans did believe that the Spanish Republic would prove the kind of regime in which those aims would be attained, provided that loyalty prevailed. But events since then have made a profound impression on the Catalan soul. The last civil war and the subsequent fascist repression have irrevocably influenced, as deeply as the events of 1640 and 1714 did, the course of Catalan history. The bombing of our cities, the invasion of our soil, the violent repeal of our Statute (home rule)—which our people had obtained by plebiscite and the Cortes had sanctioned and incorporated into the Spanish Constitution—the abrogation of our laws, the banishment of our national language, the suppression of our culture, the attempt at dispersion of our industries, the murder of our President Lluís Companys, all these are atrocities which cannot be committed against a nation as vital and as conscious as ours, without generating fatal consequences. No Spanish democrat can expect that the Catalans will delude themselves, or close their eyes to realities and stop struggling to make a recurrence of the tragic past impossible. Catalonia will never act in a spirit of rancor or vengeance, but the most elementary foresight and responsibility make it imperative for the leaders of Catalonia to bear the lessons in mind as a warning for the future.

"We are convinced that the time has come for a radical change in the political structure of Spain, and we Catalans will heartily help the statesmen with the vision and the will to create the new Hispanic Commonwealth. Therein the organic unity of its various member nations will find its expression through the independence of each and the interdependence of all of them. Each one of them must have the right to freely govern itself, and altogether must solve, on a basis of equality, the problems which are common to all of them.

"This is a solution which we Catalans deeply cherish and which, incidentally, is in perfect line with the principles of political organization now prevailing. Confederation, as a means of integrating related nations, has been a Catalan formula since the middle ages. And a Catalan —Pi i Margall— was one of the most illustrious exponents of Iberian Federation as a modern political system. May we add that the course taken by such great communities of peoples as the British Commonwealth of Nations, the United States of America and the Union of Soviet Republics happens to fully interpret Catalan ideas on the matter and offers the solution, as proposed by Catalonia, to this most arduous of all the peninsular problems.

"We would like that the Spanish democracy, conscious of the significance and transcendency of the present moment, viewed our open and loyal attitude without suspicion, and that it would accept the sincerity, positiveness, fecundity and promise for the future which it contains. The old-fashioned unitarism, of non-Hispanic origin, which has so often disturbed the relations between the nationalities composing the Spanish state, is an equally mortal threat to Castile herself. The Castilians will be condemned to live under perpetual dictatorship if they are bent on preserving unitarism, for only a regime of force can keep the peripheric nationalities under domination.

"The cause of democracy in Spain is inseparably tied to that of freedom for its nationalities. Only in true democracy and liberation can the right political climate exist in which the solution of all Hispanic problems is possible. And neither democracy nor liberation can prevail unless relations between peoples are based on justice and not on the abuse of power. Our attitude is cordial, responsible and constructive. We offer our hand to the Spanish democrats and trust that they will offer theirs, so that, together, we can start on our way to liberate our enslaved homelands."

TO ESTABLISH ORDER IN SPAIN

From a Memorandum presented by the United States Delegation of the Catalan National Council of London to the Bureau of Nationalities in Washington:

"In presenting this plan to establish order in Spain, immediately after the fall of Franco and the fascist regime, we must necessarily limit ourselves to Catalonia. Similar plans should be drawn up for the other territories of the former Spanish Republic.

"We firmly believe that no political reorganization of Spain is possible if the real political and ethnical structure of its territory is disregarded. Regardless of the official status and organization of Spain in past years, for the purposes of restoring order and for a political reorganization, Spain should be considered what it is in actual fact: a plurinational country. The former unitarian and centralized Spanish state will be territorially divided so as to give legal status to its different nationalities or peoples: Castilians, Catalans, Basques and Galicians.

"In recommending these drastic measures we do so with the conviction that it is the only way to cope with the complexity of the Spanish problem and because we know that any effort towards political reorganization based on any other terms will be doomed to failure. The action of the United Nations in momentarily establishing these territorial divisions will be fully justified, particularly if it is clearly stated that it is made for the purpose of simplicity and to enable them to guarantee order in these territories.

"It would be certainly an arduous task, if not altogether impossible, to pacify and reorganize from a central point such as Madrid the different territories of the Peninsula. Generally speaking, the problems of these territories are radically different, and many times opposed to those of Castile.

"Another advantage in this division, would be the creation of the territorial governments through which it would be possible to establish finally a Confederacy of Iberian peoples, as one of the groups of the United States of Europe.

"In keeping with the above considerations, we hereby submit the following plan for the reorganization of Catalonia, to be put into effect immediately following the fall of the Franco regime.

a. A provisional Catalan Government (exclusively integrated by Catalan leaders) will be established in Barcelona. This provisional Government or Committee will be responsible to the United Nations alone for the maintenance of order in Catalonia and will work in full cooperation with the AMG [Allied Military Government]. (On request we will supply a list of adequate Catalan leaders to be appointed to this Committee or Provisional Government).

b. The basis of operation for this Catalan Government will be the Constitutional Charter of Catalonia known as "*Estatut Interior de Catalunya*" as voted by the Catalan Parliament, this Charter or Statute to remain in effect until the right of self-determination is restored to the Catalans.

c. The provisional Government of Catalonia (which later could be the representative of the Catalan people in any proposed Confederation of the Iberian nations) will upon taking office issue a Proclamation to the effect that:

> "The Provisional Government of Catalonia, fully supported by the United Nations, is established for the purpose of restoring order and peace. Individual life, private property, social relations and individual creeds, are guaranteed to all law-abiding citizens. All political or social parties and tendencies are declared legal and with freedom of operation, but their individual aspirations and programs will be momentarily subject to those measures taken for the preservation of order. The Provisional Catalan Government acknowledges the right of self-determination of the Catalan people and, as soon as the situation will permit, will put into effect the necessary plebiscites so that all national, political and social aspirations can be legally established in accordance with the will of the people."

An additional Proclamation will be made to the effect that:

> "The Catalan provisional Government will proceed immediately to establish courts of justice to examine and try all cases of grievance dating from the outbreak of the Spanish Civil War in July 1936, including the post-war period up to the present date, covering cases of property as well as personal injury. It is hereby declared that any one taking the law into his hands and guilty of an act of vengeance will be severely punished, even if necessary, by penalty of death."

d.   The provisional Catalan Government will consist of the following Departments or Ministries: Presidency, Interior, Justice, Public Services, Economy, Labor, Education and Sanitation. The four main problems which the Catalan Government will solve immediately are: Food Distribution, Public Services, Public Order, Communications.

Identical Governments or Committees will be established in Madrid, Bilbao and La Coruña, for the other three territories, namely, Castile, Basque Country and Galicia.

THE CATALAN ATTITUDE TO THE QUESTION OF A ROYALIST RESTORATION IN SPAIN

From the statement issued by the Catalan National Council in London:

WHY THE CATALANS CANNOT BE PARTY TO A RESTORATION: THE MONARCHY CANNOT SOLVE ANY OF THE FUNDAMENTAL PROBLEMS OF SPAIN — ITS FAILURE WILL CAUSE ANOTHER REVOLUTION.

The Catalans past experience with the Monarchy, the part played against Catalonia by the Royalists in the Civil War, their ideas on the problem of the Nationalities, and the Pretender's proclamation from Rome and Lausanne, with their harping on the "unity of Spain" and the restoration of the "traditionalist or absolute Monarchy"—all these facts prevent the Catalans from having any illusions about the Monarchy. It cannot be democratic; neither can it solve the problem of the nationalities.

The Pretender so far has given no indication that a restored Monarchy will abate its traditional hostility to the non-Castilian nationalities. Even should its promises be fair, a monarchy, far less than a republic, can offer no guarantee that autonomy will not be abolished again by a dictator or a pronunciamiento.

A coup d'etat by a group of generals seems the Pretender's best hope of becoming King. The landed aristocracy of Castile seems to be the only class ready to give unanimous and wholehearted support to the Crown. These are clear indications that the Monarchy, besides not being genuinely democratic, will not be able to solve the fundamental problems of Spain (such, at least, as Castilian militarism, or the agrarian problem of Andalucía, Extremadura and Castile).

A well known group of international financiers, and perhaps certain industrialists, will also support a restoration. But the Crown could not be promised any support from the majority of the people. To create a Royalist Majority in Parliament by means of genuine elections would be practically impossible. The Pretender, therefore, speaks of restoring the traditionalist or absolute Monarchy which "does not owe its power to any election, needs to compromise with no one . . . all it needs is to consolidate its own authority" (Proclamation issued in Rome, 28th of February 1942).

There is in view no prominent leader, nor any large enough group of able and experienced politicians, who could make a success of a restoration. Sr. Ventosa, well equipped as he is, will never be accepted as leader by the Catalans, and still less by the Castilians. This last point is of decisive importance for a regime essentially Castilian like the Monarchy. Whatever the Royalists promise him, and whatever his initial advantages, the forces at work round the Crown will sooner or later produce the same results as before the fall of the Monarchy. Only another series of disappointments and failures will reward Sr. Ventosa's new attempts to cooperate with the Monarchy.

The Monarchy has ceased to be an ideal capable of firing the hearts and minds of most of the people of Spain. The Republican ideal, if wisely used by the Non-Royalists, will soon recover its sweeping force, specially as the people feel the Republic was their regime, and was only snatched from them by the Spanish upper classes in alliance with foreigners, the German Nazis and Italian Fascists. This fusion of national and popular sentiment, may, if mishandled, prove to be highly explosive material.

Some people seem to cherish the hope that if the King grants an amnesty to the larger number of people in prison and concentration camps, there will be an upsurge of gratitude and sympathy towards him. But this is grossly to misinterpret the Spanish spirit, and as a measure of practical politics it would prove a broken reed.

Neither prisoners nor their relatives have forgotten that the Royalists joined the falangists in the fight against the Republicans, that there have been Royalist ministers in General Franco's Cabinet, and that the Law of Political Responsibilities bears the signature of a Royalist (Traditionalist) minister.

The ideas of right and wrong, of justice and injustice, are felt deeply in the hearts of all the Spanish peoples. They will distinguish clearly between what seems to them a favor of what is a mere cessation of an injustice. Moreover, persecution only strengthens people in their convictions. People who have suffered for their Republican or Socialist convictions, or their Catalan or Basque patriotism, will not become supporters of a king merely because he grants them an amnesty. All the Spanish peoples have too much respect for their ideals.

The various proclamations issued by the Pretender have caused much misgiving. From their flowery phrases there emerge no concrete or constructive ideas for the future of the country nothing about to pacify the minds and hearts of citizens of all classes and bring them together; nothing on what policy to pursue in connection with the nationalities, or how to tackle the post-war economic and social problems; no solution for any fundamental problem such as the agrarian question, education, the Army, or the reorganization of the civil service; above all, nothing about any policy for keeping order. The silence on all these points suggests that the Monarchy intends to follow its old policy of minimizing existing problems, or shutting its eyes to them in the hope that thus they will vanish, or —what would be still worse— using the force of an absolute regime to suppress them.

The mere existence of a king on the throne in Madrid will not magically produce a solution for Spain. Monarchy and Republic have become only labels: the important things are the underlying forces, and their ability to find a solution for the problems affecting the organization and very existence of the Spanish peoples.

The passage of a few years will confirm what can now be foreseen —that another restoration of the Monarchy that has ruled Spain intermittently during the last 150 years will again end in failure and revolution. Another convulsion to expel a bankrupt absolute Monarchy that has been buttressed only by the upper classes, together with the upsurge of national and popular sentiment referred to above, taken in connection with the stirrings of revolution from other sources which are boiling up all over Europe, may prove most disastrous, particularly to the cause of the Democracies in Western Europe. The Catalan Democrats and patriots tremble at the realization that their country will be plunged into yet another revolution if the fatal Spanish pendulum is set in motion again.

TO SUM UP:—

The Monarchy will be supported only by the landed aristocracy of Castile, some generals, a group of international financiers, and perhaps some industrialists —but not by the majority of the people.

The Monarchy, therefore, will of necessity have to be an absolute and not a democratic regime.

Such a Monarchy will be unable to solve either the problem of the nationalities or any other fundamental problem of Spain.

The Monarchy will after a few years prove a failure, and the Spanish peoples will be thrown into revolution again.

So the Monarchy will ultimately fail even in what is its fundamental purpose —to keep order and prevent revolution.

These being logically predictable developments, it is not in the interest of the Catalans to embark on the dangerous adventure of a Royalist Restoration.

HOW TO REPLACE FRANCO IN SPAIN

From an article in "Free Catalonia", published by Catalan patriots in New York. (13, Sept. 1944).

"One of the worries of the United Nations, specially the United States and England, seems to be how to find an issue to the untenable Spanish situation and specifically how to eliminate Franco and replace the falangist regime. This preoccupation is shown in the wild ideas that apparently have been considered in the last few months both in London and in Washington. We refer particularly to the plan of restoring the Bourbon monarchy in the person of Don Juan; to the implantation of an ecclesiastic-military directory headed by Cardinal Segura and some Spanish Darlan, and last but not least to the notion that the best solution might be the prolongation of Franco's leadership, with a nominally democratized regime to that of Portugal under Salazar.

"Fortunately, all these bright ideas have fallen of their own weight and the United Nations are again in the same predicament regarding the Spanish situation as they were six months ago.

"But there is a formula for replacing Franco and the falangist regime in Spain! It is no magic panacea nor any of those beautiful schemes that the eleventh-hour planners are offering every other day. Our solution is based on the intimate knowledge of the Spanish situation and the accurate appreciation of the reactions of the people in Spain.

"We know that the main concern of the United Nations is not, particularly, the ultimate solution that will prevail in Spain which will restore freedom and peace in the Iberian Peninsula. This ultimate solution will be the logical one, namely, the one derived from the principles of the Atlantic Charter and the regulations established in the Peace Conference or whatever the equivalent might be.

"At present, the problem is to find out the intermediary formula allowing a smooth transition from fascism to democracy, a formula the principal virtue of which should be to avoid a bloody revolution in Spanish territory. This is the formula we are going to suggest, and we derive it simply from the will of the very Spanish people.

"But the success of our recommendation will depend on the willingness and the firm decision of the United Nations in settling, in an expeditive manner, the miserable situation of Spain. We do not mean by this that they should apply to Spain the "Bulgarian treatment" Russian style. It is not necessary. No declaration of war or break of relations need be issued against Franco. No army needs to be stationed at the Spanish border. It is only necessary that the United Nations let Franco know that the moment of his final bow has come.

"Some timid souls may suppose that Franco will insist on sitting a little longer on his dictatorial throne; that he will offer to behave and turn 100% democratic. To believe that this would be Franco's reaction would show a very poor knowledge of human nature and of the bully's psychology.

Franco will be more than grateful to the Allies for such an elegant and safe exit. A passport to Portugal might be the momentary enticement, this however not absolving him for his crimes as a war criminal. Other means of persuasion may be the casual mention of the Spanish underground forces, of which he is already aware, and of the unadvisable convenience of his presence in Spain upon the popular triumph in a democratic election. "Franco gone, the whole matter is to appoint the right people who are ready to accept the responsibility of the maintenance of law and order in Spain. The United Nations will not need to mingle in the internal affairs of Spain, but their mere support of the appointed leaders will cover any failing in the good sense of the liberated Spaniards.

"Some care, however, will be needed in choosing the leaders for the provisional ruling and administration of the Peninsula. We do not want to raise here the complex problems of legitimacy or those of the more or less extensive representation claimed by the different leaders. That is a matter that the people of Spain will themselves settle together with the appointed provisional men, in the same manner that in France this matter is being gradually settled.

"We are only speaking on grounds of practicability and in the very interest of the order we are to secure. In appointing the provisional authorities for the substitution of Franco and the replacement of the falangist regime, it will be necessary to bear in mind some basic problems in Spain. It is not a matter of personalities and not even of the political affiliation of the selected leaders. We refer mainly to the plurinational character of the Peninsula.

"It is not here the place to talk about the political aspirations of the Iberian nationalities (Catalonia, Basque Country, Galicia and Spain proper, the latter being formed by the Castilian speaking lands). But only the individual leaders of each one of these territories can actually make themselves responsible before the United Nations of the maintenance of law and order in their sector of the country. To attempt to keep order and organize new life in Spain even provisionally from a given point, i.e. Madrid, would be an invitation to failure. Besides, the patriotic and underground movements in the Peninsula are organized according to this basic division. Of course, all forces will join in a common action but the orders given to the population of Catalonia and the Basque Country, for instance, will not be truly effective if they are not given by their own Catalan and Basque leaders. Therefore, the proposed formula could be summed up as follows:

a) Diplomatic pressure on Franco by the United Nations, conminating him to give up his regime.
b) Instauration of local governments in Castile, Catalonia, Basque Country and Galicia with the purpose of restoring law and order and effect the passage to democratic life.
c) Referendums in Castile, Catalonia, Basque Country and Galicia to determine their aspirations in the political reconstruction of the Iberian Peninsula.
d) Constitution of an Iberian Committee in which the Castilian, Catalan, Basque and Galician delegates, in equal rights, will discuss the formula for the new Spanish or Iberian State, in accordance with the manifested will of their peoples.

"We are sure that the results of this procedure will be a smooth passage from fascism to democracy, without the occurrence of a bloody upheaval; a general satisfaction in every sector of the Peninsula, at this first step towards freedom; and; finally, a Confederation of the Iberian Peoples (United States of Spain or Iberia) (into which Portugal can also be invited) and which will fit perfectly into the general reconstruction of Europe according to the plans of the United Nations."

Published and distributed by
CATALAN NATIONAL COUNCIL
(United States Delegation)
239 West 14th Street, New York, U.S.A.

Printed in U.S.A. CANALS PRESS

Presentación

El 14 de abril de 1945, tres miembros del *Catalan National Council* en los Estados Unidos de América, Josep Carner-Ribalta, Josep Maria Fontanals y Joan Ventura Sureda, presentan una apelación en San Francisco, desde Nueva York, con motivo de la Conferencia de Organización Internacional de las Naciones Unidas. Se inicia el 25 de abril y, resultado de esta Conferencia, se aprueba la Carta constitutiva de la Organización de las Naciones Unidas (la ONU). Se pide el derecho a la autodeterminación del pueblo de Cataluña, y va acompañada de una carta dirigida a los gobiernos de los Estados Unidos de América, Reino Unido, Unión Soviética y China, como promotores de la Conferencia, solicitando la inclusión del caso de Cataluña en la agenda de las Naciones Unidas. Se dice:

Ahora que se escribirá definitivamente una carta de las naciones del mundo para una paz duradera, Cataluña no puede dejar pasar esta oportunidad sin apelar a la justicia de las Naciones Unidas para su debido reconocimiento, no se dé el caso de que se cometan nuevos e irreparables errores en el momento de su elaboración, y su libertad nacional se posponga indefinidamente.

Y añaden:

Clasificar la cuestión catalana entre los problemas internos del Estado español es nombrar al opresor de Cataluña como juez y jurado único en un conflicto en el que él mismo es parte contendiente. Cataluña, o cualquier otra nación oprimida, no puede esperar justicia de su propio opresor.

La apelación representa la posición más coherente con el espíritu de la Carta Atlántica, de 1941, consistente en que todas las naciones, sean grandes o pequeñas, tienen el derecho a ejercer su libre determinación, que inspira a la Carta aprobada en San Francisco y la creación oficial de la ONU, el 24 de octubre de 1945.

Los catalanes de Nueva York presentan esta apelación como representantes del gobierno catalán en el exilio y cuentan con el apoyo de las entidades representantes de 75.000 catalanes expatriados en el continente americano. Las delegaciones de las naciones participantes en esta conferencia, y su secretario general, a quien se envía una copia, les reconocen.

¿Cuál fue su efecto? En una primera carta, de parte de la Oficina de Información del secretario general de la Conferencia, se dice que, aun aceptando la apelación, «el objetivo principal de la Conferencia de San Francisco es formular la mejor carta posible para que una organización internacional mantenga la paz y la seguridad de todas las personas del mundo», y pide comprensión al responder que no se prevé contemplar el problema catalán en esta reunión. Sin embargo, los tres firmantes de la apelación responden, insistiendo en la necesidad de considerar el caso de Cataluña, y pidiendo revisar el texto del borrador de la Carta de las Naciones Unidas, para que no se confunda el caso de un conflicto entre naciones con un asunto de jurisdicción interna de un Estado. Y, de nuevo, la Oficina de Información responde, en esta ocasión con estas palabras:

> Para la disposición que proceda hacer, sus cartas, junto con el memorando titulado "El caso de Cataluña", serán puestas a disposición de la Comisión Preparatoria que se prevé establecer para servir durante el período provisional entre el cierre de esta Conferencia y la primera reunión de la Asamblea General propuesta. Parece que ésta constituye la única respuesta que se puede dar a su solicitud en este momento.

El resultado fue, pues, exitoso. Por qué no tuvo continuidad, es otro tema. Antes de hablar de ello, vale la pena situar al lector en la historia que la acompaña.

La raíz de este Consejo en los Estados Unidos debe encontrarse en el Casal Català de Nova York. Allí se encuentra el Centre Nacionalista Català de Nova York creado en 1920, donde ya figuran dos de los miembros destacados de esta historia, Josep Maria Fontanals y Joan Ventura i Sureda. Entre las gestiones hechas, destaca el apoyo dado a Francesc Macià, en 1925, para armar una rebelión catalana para echar de Cataluña al dictador Miguel Primo de Rivera (el padre del fundador de la Falange), desde Prats de Molló (en la Cataluña francesa). Pero con los años cambian de nombre. En 1939 se les conoce como Comitè Català Antifeixista, y en 1940 aparecen como Casal Català de Nova York, siendo el nombre popular que agrupa a los catalanes de la ciudad, que se mantiene hasta 1963. Asimismo, ante el Departamento de Estado de los Estados Unidos, desde el 28 de marzo del año 1942 hasta el 15 de septiembre de 1945, pasan a convertirse oficialmente, en la Delegación en los Estados Unidos del Consejo Nacional de Cataluña[1] de Londres, presidido por Carles Pi i Sunyer. El Consejo de Londres se concibe como gobierno catalán en el exilio en julio de 1940, cuando se disuelve el Gobierno de la Generalidad de Cataluña hasta entonces establecida en Francia, tras la invasión de Alemania.

Los catalanes de Nueva York, empujados por la derrota de los republicanos en España, se erigieron como agentes al servicio de los aliados,

---

1   El Catalan National Council se traduce, al catalán, como Consell Nacional Català, pero su nombre, en Londres, es el de Consell Nacional de Catalunya.

fieles a los EUA y líderes de la propaganda antifascista catalana en nombre del gobierno catalán en el exilio.

Entre sus miembros, destacan, en tiempos de la Segunda República Española, Josep Anton Gibernau, que no aparece como firmante en la apelación pero fue un miembro plenamente activo, además de ser el Secretario de la Delegación de los Estados Unidos del Consejo, y Josep Carner-Ribalta. El primero fue cónsul del gobierno de la España republicana en Galveston, Texas, y trabajó para la Embajada de Washington. Negoció activamente el apoyo militar del gobierno estadounidense a los republicanos, en tiempos de la Guerra Civil Española, y, ya en tiempos de la Segunda Guerra Mundial, sirvió en la Office of Strategic Services (OSS). Y el segundo fue una "mano derecha" de Francesc Macià desde el levantamiento de Prats de Molló, así como su biógrafo y el jefe de prensa del Parlamento de Cataluña, entre otros hechos destacables. Con esta trayectoria, se entiende por qué el trabajo de los catalanes en los EUA no se limitó a realizar la apelación. También fueron responsables (o participaron) de:

- La reconstrucción política (y clandestina) de la resistencia catalana en la Segunda Guerra Mundial.
- Contactar Washington con los catalanes antifascistas de toda América.
- Colaborar con la propaganda antifascista en América Latina desde Nueva York, al servicio de los EUA.
- El espionaje en Nueva York al servicio de los EUA.
- Una alianza con el gobierno vasco en el exilio para una eventual revolución en España y la creación de respectivos referendos de autodeterminación para la liberación de los pueblos vasco y catalán.
- Ayudar a diseñar un posible desembarco forzado en playas catalanas en la Operation Torch de 1942.
- Colaborar con el Departamento de Estado estadounidense para el potencial diseño de una eventual invasión forzada de España, entre 1943 y 1944, así como la restitución de un gobierno democrático con reconocimiento de la identidad plurinacional española.
- Reconstruir el gobierno catalán desde México en 1944, para estar preparados para presionar a las Naciones Unidas cuando finalice la Segunda Guerra Mundial y el general Franco se quede solo, sin el apoyo de Hitler y Mussolini.

Esta lucha merece ser tenida en cuenta, para aprender del pasado y poner en valor a los protagonistas hasta ahora anónimos de este capítulo de la historia de la resistencia y la liberación de Catalunya, y los catalanes.

La documentación que lo acredita y permite rehacer esta historia permaneció en manos privadas hasta que se entregó al Arxiu Nacional de Catalunya (o

ANC) en 2018, y, desde 2021, se ha hecho un proceso de digitalización. Josep Carner-Ribalta la custodió y su hijo, George Carner, siguiendo la voluntad de su padre, lo entregó en el Archivo con la colaboración de Víctor Castells.

Las fuentes que documentan la actividad de los catalanes de Nueva York y los detalles de la apelación incluyen varios libros. Aparte de la documentación original que se encuentra en el ANC, están los libros *De Balaguer a Nova York passant per Moscou i Prats de Molló (Memòries)*, de Josep Carner-Ribalta (Edicions Catalanes de París, 1972), reeditado el 2009 por Viena Edicions; y *L'any 2000, un repte per a Catalunya*, y *Catalunya i la política americana de Roosevelt a Reagan*, de Josep Anton Gibernau (El Llamp, 1982 y 1987). Carner-Ribalta dejó testimonio de su actividad, al igual que Gibernau. Por otro lado, el libro *Els catalans apel·len a les Nacions Unides: d'Utrecht a San Francisco passant per Nova York,* de un servidor (Llibres de l'Índex, 2021), reordena este material y realiza una escrupulosa investigación de la documentación reencontrada en el Archivo Nacional de Cataluña, y reconstruye su historia con bases documentadas.

De esta reconstrucción, quisiera destacar dos hechos que me parecen primordiales: hasta el 2020, cuando empiezo a trabajar con esta documentación, no se sabe (es absolutamente desconocido) que los catalanes de Nueva York se erigieron, entre 1942 y 1945, como consejeros del gobierno catalán en el exilio, en los Estados Unidos y ante los ojos de los catalanes en el exilio americano. Tampoco se conoce que el secretario general de la Conferencia de San Francisco, a través de la Oficina de Información, se comprometió a poner el caso catalán en manos de la Comisión Preparatoria de la primera conferencia oficial de la ONU entendida como organización internacional, aunque esta noticia fuera publicada en una revista de Ciudad de México, *El Poble Català*, a septiembre de 1945, en una edición especial dedicada a la apelación.

Los catalanes de Nueva York realizaron una ingente actividad, en la sombra, propagandística y política, estando muy cerca del presidente del Gobierno vasco en el exilio, José Antonio Aguirre, con quien promovieron la autodeterminación de los pueblos catalán y vasco, en 1942, en complicidad con Carles Pi i Sunyer y Josep Maria Batista i Roca, desde Londres. Entendieron que, con Franco, Hitler y Mussolini entre las cuerdas, cuando se crea la alianza de las Naciones Unidas, de 1942, se trataba de un momento histórico único, como nunca antes habíamos vivido los catalanes, para reclamar el reconocimiento nacional de Cataluña. Y esto les impulsó a no desfallecer, hasta hacer realidad la apelación. Trabajaron al servicio de los aliados con plena dedicación, siempre pensando en la libertad de Cataluña, entonces sometida a una profunda represión, como todo el catalanismo, masacrado y en buena medida en prisión o en el exilio. Pero la apelación no recibió el apoyo de Londres cuando más falta le hizo. Mientras se enviaba a San Francisco, se reconstituyó la Generalidad Cataluña en el exilio y ésta no se hizo suyo el proyecto de la autodeterminación. En su lugar, tal y como se corrobora con la documentación disponible, esta línea fue sustituida por una reclamación legalista que se puso al amparo de la República Española. Además, Franco acabó haciéndose valer ante el orden internacional. Estos dos factores provocaron, por un lado, que la apelación se relegara al olvido, y, por otro, que sus protagonistas tuvieran que ocultar, a los ojos del mundo, todo lo que vivieron, y consiguieron. Incluso, Víctor Castells, a quien Carner-Ribalta se encarga de que le llegue esta documentación una vez muera para que la haga pública, una vez la recibe, no lo hace. No es hasta que nos deja, en el 2018, que, por un azaroso destino, acaba de rebote en el Arxiu Nacional, traspapelada entre otros documentos. Pero bueno... esto ya es otra historia. La cuestión es que, hasta entonces, ni se entiende qué los llevó a presentar la apelación, ni se valora -como se merece- el documento y sus autores. Los historiadores, ante el vacío documental y el silencio de sus protagonistas, resultado de una sutil y poderosa forma de censura, alimentada por la duda y la precaución, no hablan de ello y, cuando lo hacen, le quitan importancia. Y esto no es justo.

Los catalanes, todos nosotros, y toda la gente de espíritu libre que entendemos las causas justas de las naciones oprimidas o amenazadas por razones de dominio, merecemos conocer esta historia y la lección ejemplar de lucha y determinación de los catalanes de Nueva York. Supieron leer el pulso de la geopolítica al más alto nivel y entendieron la poderosa fuerza del ideal de la libre determinación de los pueblos que conformó la Carta de Naciones Unidas. Redactaron un documento que, más allá de ser un testigo extraordinario, fue un proyecto de liberación que sigue vigente en el siglo XXI como guía en el camino hacia la plena libertad de los pueblos y el establecimiento de un orden político, económico, social y cultural internacional por el bien de todos, y por un futuro que valga la pena vivir y trabajar.

Andreu Marfull Pujadas
11 de marzo de 2025

Agradecimientos a Josep Almeda i García, Guillem Carbonell i Armengol, Joan Creixell, Josepa A. Ivern i Prats, Josep Millàs i Estany, Jordi Miravet i Sanç, M. Antònia Oliver, Nemesi Solà i Franquesa, Lluís Torner i Pous, Albert Roqué y George Carner.

"EL CASO DE CATALUÑA"
Apelación a las Naciones Unidas (1945)

Apelación a las Naciones Unidas pidiendo el reconocimiento internacional de la nación catalana y ejercer el derecho a la libre determinación, que presentó la Delegación en Estados Unidos del *Catalan National* Council (conocido en catalán como Consell Nacional de Catalunya, de Londres) en la Conferencia de Organización Internacional que se celebra en San Francisco. Documento publicado y distribuido en inglés, impreso en Nueva York por Canals Press, con fecha del 14 de abril de 1945.

La documentación original de la actividad de la Delegación en Estados Unidos del Catalan National Council se encuentra en el Fons Josep Carner-Ribalta del Arxiu Nacional de Catalunya (ANC), Código ANC1-279.

A continuación, se transcribe la versión original traducida al castellano, manteniendo la composición editorial de la obra original. Todas las notas a pie de página que aparecen se encuentran en el texto original.

La apelación está constituida por una cubierta, con su índice, y tres documentos:

- Carta a los gobiernos de los Estados Unidos, Reino Unido, Unión Soviética y China, como promotores de la Conferencia de las Naciones Unidas, solicitando la admisión de la apelación en las Naciones Unidas.
- Apelación a las Naciones Unidas.
- Apéndices, con información sobre la historia de Cataluña y las adhesiones de las comunidades catalanas en América.

EL CASO
de
CATALUÑA

APELACIÓN

a las NACIONES UNIDAS

en la CONFERENCIA SOBRE ORGANIZACIÓN INTERNACIONAL

San Francisco, California

Abril, 1945

CONSEJO NACIONAL CATALÁN

(Delegación en los Estados Unidos)

EL CASO
de
CATALUÑA

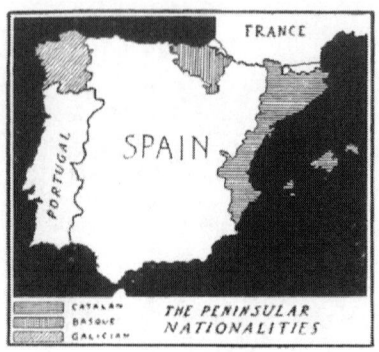

ÍNDICE

A los Estados Unidos de América,
al Reino Unido de la Gran Bretaña e Irlanda del Norte,
a la Unión de Repúblicas Socialistas Soviéticas. y
a la República de China,
patrocinadores de la Conferencia de las Naciones Unidas
sobre Organización Internacional, en San Francisco.

Dado que Cataluña (a pesar de su actual sumisión bajo España) es una nación bien definida[1], como lo demuestra su historia, sus características etnológicas, su lengua particular, su propia literatura y cultura, sus leyes específicas, sus costumbres y tradiciones y, sobre todo, su voluntad permanente y manifestada y su deseo de recuperar la soberanía nacional;

Dado que Cataluña (debido a su condición de nación no reconocida) no puede adherirse a la Declaración de las Naciones Unidas ni declarar la guerra a ninguna potencia del Eje y así conseguir la admisión en la Conferencia de San Francisco;

Dado que Cataluña, ocupada por los ejércitos fascistas del general Franco, no puede proclamar su estado de beligerancia *de facto* contra el Eje ni obtener el reconocimiento oficial de sus muchos hijos que actualmente luchan en los ejércitos de las Naciones Unidas;

Dado que Cataluña no puede calificarse, en justicia, como neutral ni legalmente como una aliada, pero sin embargo es una nación amiga que sigue ocupada por el nazifascismo;

Dado que, por otra parte, las instituciones legales representativas de Cataluña han dejado de existir (por cuanto su presidente, Lluís Companys, ha sido ejecutado por Franco,[2] y su Gobierno democrático disuelto y anulado);

Nosotros, por consiguiente, en nombre propio, como miembros del Consejo Nacional Catalán[3] (Delegación en los Estados Unidos), en nombre de 75.000 catalanes organizados en el hemisferio americano,[4] y en nombre del pueblo de Cataluña, cuya voz ahora está suprimida,

P E D I M O S a los patrocinadores de la Conferencia de San Francisco:

---

1   Ver Apéndice nº 1.
2   Se debe considerar que el Presidente de Cataluña es el primer y único jefe de una nación que ha sido ejecutado por el fascismo nazi.
3   Ver Apéndice nº 2.
4   Ver Apéndices nº 2a y nº 2b.

QUE, dadas estas circunstancias especiales y la posición única de Cataluña; teniendo en cuenta que Cataluña es una de las pocas naciones que permanecen en Europa a las que todavía no se han reconocido los derechos nacionales, CATALUÑA SEA CONSIDERADA COMO UN CASO ESPECIAL y dado que no puede tener representación legal ni participar plenamente en los actos de la Conferencia, LE SEA PERMITI-DO PRESENTAR Y REGISTRAR LA PRESENTE APELACIÓN A LAS NACIONES UNIDAS ante sus representantes en San Francisco.[5]

Nueva York, 14 de abril de 1945

J. Carner Ribalta   J. M. Fontanals   J. Ventura Sureda
Miembros de la Delegación en Estados Unidos
del Consejo Nacional Catalán de Londres.
(*Registrados en el Departamento de Estado, el 28 de marzo de 1942*)

---

5   Y respetuosamente les pedimos como patrocinadores que tengan a bien cursar la adjunta Apelación al presidente de la Conferencia de San Francisco para que, a su debido tiempo, sea incluida en el Orden del día de la Conferencia.

APELACIÓN
A LAS NACIONES UNIDAS
EN NOMBRE DE
CATALUÑA

L A situación especial de Cataluña como nación le impide tener representantes legales y asistir a esta Conferencia para participar con las Naciones Unidas en la constitución de una organización internacional para la paz y la seguridad. Pero es precisamente ante la singular situación de Cataluña que hemos decidido exponer su caso a su atención para que los derechos nacionales de 3.000.000 de catalanes[1] sean conocidos por todas las Naciones Unidas y sean justamente considerados en la carta por un nuevo mundo. No estamos presentando un problema de fronteras o de reconstrucción política, de recuperación económica o cualquier otra cuestión que no deba atenderse hasta después de que la organización de la seguridad se haya instaurado. Presentamos un caso a favor de la libertad nacional, que exige una solución o al menos consideración mientras se llevan a cabo las negociaciones sobre la seguridad.

Cataluña existió como nación libre hasta 1714, cuando finalmente fue incorporada por la fuerza en el Estado español, y es una de las pocas naciones que permanecen en Europa a las que todavía no se han reconocido los derechos nacionales. Esto hace que el caso de Cataluña sea casi un problema obsoleto, sobre todo porque la mayoría de los problemas sobre las nacionalidades europeas se resolvieron supuestamente en Versalles. Pero el de Cataluña no fue resuelto; sus libertades no se restauraron al término de la Primera Guerra Mundial como las de las demás nacionalidades. Por eso presentamos aquí su problema como un caso especial y como una cuestión que pide consideración y solución para que la Carta que debe escribirse para la nueva Europa no vuelva a ser una vez más una injusticia contra Cataluña.

De alguna manera, el tan prolongado cautiverio de Cataluña y su retrasada liberación se deben, más que a derrotas militares, a reiteradas desdichas diplomáticas experimentadas por Cataluña. En 1713, por el Tratado de Utrecht, después de una larga guerra contra su opresor espa-

---

1   Propiamente, las tierras catalanas incluyen, además de Cataluña, los viejos reinos de Valencia y de Mallorca, así como también el antiguo territorio catalán del Rosellón, anexado a Francia. Esto constituye la "Gran Cataluña", con un total de población de casi 6.000.000, donde el idioma catalán es hablado en todas partes.

ñol, los derechos de Cataluña fueron deyectados por sus propios aliados sacrificados en aras de la política del poder y de cuestiones de conveniencia. En 1919, en Versalles, a pesar de los 18.000 voluntarios que Cataluña aporta a los ejércitos aliados, los derechos de nuestra infortunada nación volvieron a pasarse por alto. En 1924, en Ginebra, a causa de las cláusulas defectuosas del Pacto de la Liga, y de la presencia de España en la Sociedad de Naciones, que hizo imposible el exigido voto de unanimidad de estas cuestiones, la Sociedad de Naciones ni siquiera pudo considerar las demandas de libertad de Cataluña. En 1937, en la conferencia de Nyon, se desatendieron los derechos de Cataluña pero, en cambio, se consideró válida la reivindicación de Italia sobre "el derecho a intervenir en España para impedir la constitución de una República Catalana independiente".[2]

Esta indiferencia diplomática tradicional hacia las reivindicaciones de Cataluña no debe hacer creer a nadie que el caso catalán no tiene ninguna relación con el mantenimiento de la paz y la seguridad permanentes en Europa. La "cuestión catalana" ha estado en el fondo de buena parte del malestar y de las convulsiones políticas en la Península Ibérica durante los últimos tres siglos, y nunca ha habido ningún poder o fuerza agresivo en Europa que no haya intentado, en algún momento, especular sobre el descontento catalán para potenciar o asegurar el éxito de sus planes. A modo de ejemplo, mencionaremos que durante el período de la Revolución Francesa, Robespierre en persona, con el objetivo de conseguir Cataluña a su causa, visitó Barcelona con la "Constitución de Cataluña" redactada en su maletín. Apenas un cuarto de siglo después, Napoleón Bonaparte, para asentarse en la Península, creó realmente el "Estado Catalán" e intentó establecer un gobierno catalán separado del reino de España. En los últimos tiempos, en la geopolítica de Alemania[3] para el área mediterránea, la Cataluña Grande (es decir, el antiguo Reino Catalán o los actuales territorios de Lengua Catalana -Cataluña, Valencia, Cataluña Francesa y Baleares) debía desempeñar un gran papel contra Francia y su imperio africano, aunque Cataluña no aceptaba el "Nuevo Orden". Como prueba final de la importancia de Cataluña en la estabilidad de Europa, cualquier estadista bien informado y perspicaz admitirá que, salvo que

---

2   A.B. Keith, The King, the Constitution, the Empire, and Foreign Affairs, 1936-7 pp. 166-167.
3   Spaniens Tor zum Mittelmeer und die Katalanische Frage, Franz Pauser (Teubner, Leipzig und Berlin, 1938). (Ver Apéndice n° 2b).

se resuelva satisfactoriamente el problema nacional de Cataluña, nunca habrá paz y orden reales en la Península Ibérica.[4]

Ahora que se escribirá definitivamente una carta de las naciones del mundo para una paz duradera, Cataluña no puede dejar pasar esta oportunidad sin apelar a la justicia de las Naciones Unidas para su debido reconocimiento, no se dé el caso de que se cometan nuevos e irreparables errores en el momento de su elaboración, y su libertad nacional se posponga indefinidamente.

Al apelarles, por justicia, Cataluña quiere manifestar sus plenas aspiraciones y todo el alcance de sus derechos. Pedimos sinceramente que esta Conferencia no cometa el mismo error de la Conferencia de Paz de Versalles, que desestimó las demandas de Cataluña con el erróneo argumento de que se trataba de un mero caso de autonomía, a otorgar por España, y, como problema interno, un "conflicto familiar" a resolver dentro del Estado español. Tampoco podemos permitir que las Naciones Unidas juzguen los derechos de Cataluña con la misma base que la Sociedad de Naciones que los calificaba como un simple problema de una minoría dentro de España. Cataluña es una nación y debe ser reconocida como tal antes de que cualquier organización regional pueda establecerse en España, en la Península Ibérica, en el continente de Europa, o en el mundo liberado.

No hace falta cansar su atención detallando las razones históricas, étnicas, lingüísticas y culturales que demuestran las características nacionales de Cataluña; ni debemos presentar ninguna lista de todas las persecuciones y opresiones de las que es y ha sido víctima. Tampoco creemos necesario aportar pruebas de su determinación y voluntad cada vez mayor de volver a vivir como una nación libre. Ni siquiera cabe señalar que su lucha por la libertad ha continuado a lo largo de los siglos. En 1640, en el primer intento hacia su libertad, Cataluña luchó contra España (Guerra de Secesión) y proclamó la República Catalana; en 1714, después de que sus derechos nacionales fueran menospreciados en Utrecht, Cataluña continuó luchando contra España y Francia, incluso después de haber sido abandonada por sus aliados (Inglaterra, Austria, Portugal y Holanda); en 1931, Cataluña lideró, en la Península, la revuelta democrática y civil contra la Monarquía Borbónica, proclamó la República Catalana[5] e hizo posible la República Española; en 1931, Cataluña organizó un plebiscito nacional en el que el 98% de la población proclamó la voluntad de auto-

---

4   Ver Apéndice nº 3.
5   Ver Apéndice nº 4.

gobierno de Cataluña; en 1934, después de caer la República Española en manos de los fascistas y las fuerzas reaccionarias, Cataluña se levantó por la democracia y la libertad nacional y proclamó el Estado Catalán como parte de la Confederación de Naciones Ibéricas[6]; en 1936, con el golpe nazifascista de Franco y la Falange, Cataluña se convirtió en el baluarte del antifascismo a su vez luchó por su libertad nacional.

Sin embargo, hay una cuestión que debería exponerse aquí claramente para acabar con todos los posibles malentendidos. Nos referimos al carácter permanente e inalterable del problema catalán. En otras palabras, los términos básicos de las aspiraciones catalanas no cambian con la existencia de un régimen más o menos liberal en España, ni tampoco con un mayor o menor grado de persecución de la opresión. Por ejemplo, las aspiraciones de Cataluña son independientes de la existencia o inexistencia de Franco en España. Cataluña ha sido una nacionalidad oprimida bajo la Monarquía, la República Española y Franco.[7] La eliminación de Franco *por sí sola* no resolverá el problema nacional catalán, del mismo modo que no se resolvió solamente con el derribo de la Monarquía borbónica. Cataluña lucha contra Franco e intenta derrocar a su régimen fascista, y con el mismo espíritu lucha por la destrucción de Hitler e Hirohito. Franco es el actual tirano de Cataluña, pero en la doble función de representante del nazifascismo y representante del Estado unitario español. La sustitución de Franco liberará a Cataluña del nazifascismo pero no liberará a Cataluña de la opresión española.

Esto nos lleva al peligro real de cualquier "solución" catalana realizada bajo la luz de la rutina y el equívoco. Por este motivo apelamos aquí a las Naciones Unidas antes de que se tome ninguna decisión y ningún compromiso respecto a España. Demasiada gente cree erróneamente que el caso catalán es sólo un problema español. No es así. Existe una tendencia a clasificar la cuestión catalana entre los problemas internos de España. El conflicto entre Cataluña y España, como cualquier problema entre una nacionalidad oprimida y su opresor, ha sido siempre internacional. Cataluña no es un conflicto español sino un problema europeo. En estos términos, los problemas de las demás nacionalidades europeas se resolvieron en la mesa de paz de Versalles.

Clasificar la cuestión catalana entre los problemas internos del Estado español es nombrar al opresor de Cataluña como juez y jurado único en un

---

6   Ver Apéndice nº 5.
7   Ver Apéndice nº 6.

conflicto en el que él mismo es parte contendiente. Cataluña, o cualquier otra nación oprimida, no puede esperar justicia de su propio opresor.

Como muestra la historia, ni siquiera una España liberal y democrática, del tipo de la República Española, es capaz de resolver el problema nacional catalán.[8][9] La mayoría de los dirigentes y estadistas de la antigua República Española viven en la noción errónea de que los principios y las cláusulas de la Carta Atlántica se aplican en el Estado español pero no en Cataluña y en las demás nacionalidades incorporadas por la fuerza en el Estado español.

Por tanto, Cataluña no puede aceptar la premisa de que su libertad nacional debe identificarse y confundirse con el problema de la restauración de la democracia y del régimen republicano en España. En su momento, las Naciones Unidas tendrán que enfrentarse al problema español, y Cataluña ayudará con todas sus fuerzas a resolverlo, pero su denominación y solución no tiene relación directa con el problema de la libertad nacional de Cataluña.

Que nadie malinterprete esta afirmación. Cataluña tiene un interés vital por la España democrática.[10] 150.000 jóvenes catalanes murieron en la Guerra Civil Española para erradicar el fascismo de España y asegurar la subsistencia de la democracia en la península Ibérica. Pero es como catalanes que el pueblo de Cataluña quiere participar en el bienestar del bloque de pueblos ibéricos.[11] Quieren que sus derechos como nación sean reconocidos, para que Cataluña, a través de la autodeterminación, sea libre de incorporarse a la reorganización política de la Península. Una vez libre y debidamente reconocida como nación, Cataluña estará en condiciones de plantearse, por ejemplo, una Confederación de Estados Ibéricos, sobre la base de igualdad de derechos y la asociación voluntaria, en la que podrían participar catalanes, vascos, gallegos, españoles y portugueses.

Por otra parte, estando Cataluña absolutamente identificada con la causa de las Naciones Unidas -en cuyos ejércitos luchan tantos de sus hijos en todos los frentes- se declara dispuesta a aceptar los sacrificios

---

8   En 1932, la República Española concedió a Cataluña un Estatuto de Autonomía, considerablemente recortado de la voluntad expresada por Cataluña por medio de un referéndum. El Estatuto, naturalmente, demostró ser insuficiente.

9   Ver Apéndice nº 7.

10   Ver Apéndice nº 8.

11   Íd.

que le pueda exigir la reorganización de Europa, por muy celosa que sea de su soberanía y libertad como nación.

En resumen, Cataluña
S O L I C I T A de las Naciones Unidas:

a) QUE su caso atrasado de liberación nacional sea, a partir de este momento, programado como uno que necesita solución inmediata.

b) QUE su demanda de autogobierno sea presentada para una solución inmediata de acuerdo con los principios y cláusulas de la Carta Atlántica, con independencia de cualquier solución regional contemplada para España.

c) QUE su posición en la organización política de España sea decidida por sí misma, mediante plebiscito de los catalanes nacionales, tras el reconocimiento de su condición de nación.

d) QUE cualquier otra discrepancia o disputa entre Cataluña y España sea sometida a audiencia ante el Consejo de las Naciones Unidas o la Corte Internacional de Justicia en su nombre.

Al presentar su reclamación de liberación nacional ante esta Conferencia y ante la opinión pública internacional, Cataluña espera justicia de las Naciones Unidas.

Nueva York, 14 de abril de 1945

J. Carner Ribalta   J. M. Fontanals   J. Ventura Sureda
Miembros de la Delegación en Estados Unidos
del Consejo Nacional Catalán de Londres.
(Registrados en el Departamento de Estado, el 28 de marzo de 1942)

EL CASO DE CATALUÑA
A P É N D I C E S

APÉNDICE No. 1

EXISTENCIA DE LA NACIÓN CATALANA A TRAVÉS DE LOS TIEMPOS
(*Su* status *nacional desde el siglo VIII*)

- Dos siglos bajo la dependencia de los emperadores francos.
- Cuatro siglos de independencia nacional.
- Tres siglos de unión con España mediante un pacto (1469).
- Dos siglos de dominación castellana por derecho de conquista (1714).
- Cuatro años de autonomía limitada e insuficiente, garantizada por la República espanyola en 1932.
- Seis años bajo la dominación fascista y sometida absolutamente en España a través de Franco (1939).

APÉNDICE No. 2

EL CONSEJO NACIONAL CATALÁN

Fundado en Londres, en 1940. Sus miembros son:

PRESIDENTE:		Carles Pi-Sunyer
CONSEJEROS:	(En Londres)	Josep M. Batista i Roca
		Dr. Josep Trueta
		Fermí Vergès
		Ramon Parera
	(En EE.UU.)	J. Carner Ribalta
	(En México)	Josep Carner
		Josep Tomàs i Piera
		Baltasar Samper
		Ferran Zulueta
		Dr. Salvador Armendares
		Dr. F. Paniello
	(En Cuba)	J. Conangla i Fontanilles
	(En Colombia)	Dr. Antoni Trias
		Joan de Garganta
	(En Bolivia)	Dr. Santiago Pi-Sunyer
	(En Argentina)	M. Serra i Moret
		H. Nadal i Mallot
	(En Uruguay)	F. Bergós Ribalta
	(En Cataluña)	X (un miembro del movimiento clandestino "Front Nacional Català")

APÉNDICE No. 2a
EXILIADOS CATALANES ORGANIZADOS QUE HAN AUTORIZADO A LA DELEGACIÓN DE LOS ESTADOS UNIDOS DEL CONSEJO NACIONAL CATALÁN PRESENTAR LAS ASPIRACIONES NACIONALES DE CATALUÑA EN LAS NACIONES UNIDAS

ARGENTINA:

Casal de Catalunya .... Buenos Aires
Associació Mutualista Montserrat .... Buenos Aires
Protectora Ensenyança Catalana .... Buenos Aires
Comitè Llibertat .... Buenos Aires
Radio "Hora Catalana" .... Buenos Aires
Revista "Ressorgiment" .... Buenos Aires
Casal Català .... Córdoba
Centre Català .... Rosario
Centre Català .... La Plata
Centre Català .... Bahía Blanca
Grup Patriòtic Català .... Mendoza
Societat Catalana d'Estudis Socials Econòmics i Polítics .... Buenos Aires

CHILE:

Agrupació Patriòtica .... Santiago
Centre Català .... Santiago
Revista "Germanor" .... Santiago
Hora Radial Catalana .... Santiago
Auxili Mutual .... Santiago
Revista "Noticiari Català" .... Santiago
Grup Escènic Vilanova .... Santiago
Orfeó Català .... Santiago
Grup Esportiu Barcelona .... Santiago
Centre Català .... Valparaíso
Centre Català .... Concepción
Del. Comunitat Catalana .... Valdivia
Del. Comunitat Catalana .... Cautin
Del. Comunitat Catalana .... Curico
Del. Comunitat Catalana .... Linares

COLOMBIA:

Comunitat Catalana .... Bogotà
Comissariat Ensenyança Catalana .... Barranquilla

COSTA RICA:

Comunitat Catalana .... San José

CUBA:

Centre Català ....Havana
Club Separatista Havana ....Havana
Revista "La Nova Catalunya" ....Havana
Grup N.R. "Catalunya" ....Santiago

REPÚBLICA DOMINICANA:

Club Català..Ciudad Trujillo

ECUADOR:

Del. Consell Nacional Català ....Guayaquil

GUATEMALA:

Del. Colònia Catalana...C i u d a d   d e
Guatemala

MÉXICO:

Comunitat Catalana...Ciudad de México
Acció Catalana...Ciudad de México
"El Poble Català"...Ciudad de México
Estat Català...Ciudad de México
Orfeó Català...Ciudad de México
Esquerra Catalana (Secretariat)...................................Ciudad de México
Unión General de Trabajadores ....Ciudad de México
Partit Socialista Català...Ciudad de México

URUGUAY:

Casal Català..Montevideo
Hora Catalana de Ràdio ....Montevideo
Protectora Ensenyança Catalana.................................Montevideo

VENEZUELA:

Delegació Catalana...Caracas

E.U.A.:

Casal Català..New York
"Free Catalonia"..New York

El dos de marzo de 1943, la delegación de los Estados Unidos del Consejo Nacional Catalán envió el siguiente telegrama a las organizaciones mencionadas antes y residentes en el hemisferio americano:

"EN PREVISIÓN DE POSIBLES EMERGENCIAS QUE SE PUE-
DAN PRESENTAR PRONTO ES URGENTE QUE NOS TELE-
GRAFIEIS VUESTRA AUTORIZACIÓN PARA PRESENTAR
ANTE LAS NACIONES UNIDAS, EN NOMBRE DE LOS GRUPOS

DE SU TERRITORIO, LAS ASPIRACIONES NACIONALES DE CATALUÑA"

(Las respuestas a continuación: traducción de cables y cartas)

DE SANTIAGO DE CHILE:

LOS CATALANES DE CHILE AUTORIZAMOS PLENAMENTE A SU DELEGACIÓN A ACTUAR EN NUESTRO NOMBRE ANTE LAS CANCILLERÍAS. (Firmado: Agrupació Patriòtica, Centre Català de Santiago, Centre Català de Valparaíso, Centre Català de Concepción, Delegacions de Valdivia, Cautin, Curico i Linares, Revista "Germanor", Hora Radial Catalana, Auxili Mutual, Revista "Noticiari Català", Grup Escènic E. Vilanova, Club Esportiu Barcelona).

DE MÉXICO, CIUDAD:

EN RESPUESTA A SU TELEGRAMA, AUTORIZAMOS PLENAMEN-TE A SU DELEGACIÓN A REPRESENTARNOS ANTE LAS CAN-CILLERÍAS EN EL PLANTEAMIENTO DE NUESTRO PROBLEMA SEGÚN LAS BASES DEL CONSEJO NACIONAL. (Firmado: Tomàs i Piera, President Comunitat, Aymamí, Director de "Poble Català").

TODOS NUESTROS AMIGOS SE ADHIEREN AL MOVIMIENTO DE LAS COMUNIDADES CATALANAS Y APOYA LAS ACCIONES QUE LLEVARÉIS A CABO, DE ACUERDO CON LAS INSTRUC-CIONES DEL CONSEJO DE LONDRES. (Firmado: Acció Catalana, Bosch, Peypoch).

ESTAT CATALÀ OS AUTORIZA A REPRESENTARLO ANTE LAS CANCILLERÍAS PARA QUE SE RECONOZCA COMPLETAMENTE LA SOBERANÍA NACIONAL CATALANA QUE SE PIDE. (Firmado: Marcel·lí Perelló).

LA ASAMBLEA DEL SECRETARIADO DE ESQUERRA REPUBLI-CANA DE CATALUNYA (MIEMBRO DE LAS COMUNIDADES CATALANAS DE AMÉRICA) AUTORIZA SU DELEGACIÓN A REPRESENTARLA ANTE LAS CANCILLERÍAS EN LA PRESENTA-CIÓN DEL PROBLEMA NACIONAL CATALÁN DE ACUERDO CON EL CONSEJO DE LONDRES. (Firmado: Joan Loperena, Secretario).

EL SECRETARIADO DE LA UNIÓN GENERAL DE TRABAJA-DORES, QUE APOYA AL MOVIMIENTO DE REIVINDICACIÓN NACIONAL ENCABEZADO POR CARLES PI-SUNYER, PRE-SIDENTE DEL CONSEJO NACIONAL CATALÁN FUNDADO EN LONDRES, ENTERADO QUE SU DELEGACIÓN SOLICITA LA AUTORIZACIÓN DE LOS GRUPOS DE CATALANES EN EL

EXILIO, OS PIDE QUE REPRESENTAIS LOS MIEMBROS DE LA UNIÓN GENERAL DE TRABAJADORES DE CATALUÑA ANTE LAS CANCILLERÍAS. (Firmado: Miquel Ferrer, Secretario General; Juan Fronjosà, Joan Gilabert, miembros del Secretariado).

(Un telegrama del Partido Socialista Catalán firmado por Ferrer, fue recibido considerablemente mutilado por el departamento de Censura. La autorización fue confirmada más tarde por carta).

DE COLOMBIA:

LA COMUNIDAD CATALANA DE COLOMBIA AUTORIZA LA DELEGACIÓN DE NUEVA YORK DEL CONSEL NACIONAL CA-TALÀ ACTUAR EN NOMBRE SUYO EN LA PRESENTACIÓN DEL PROBLEMA CATALÁN. (Firmado: Antoni Trias).

COMISARÍA DE LA DELEGACIÓN DE ENSEÑANZA DE LA CO-MUNIDAD RUEGA AL CONSEJO NACIONAL LONDRES EN NUEVA YORK PRESENTAR PROBLEMA NACIONAL.

(Firmado: Solé Plan, Vinyes, Rabat).

DE CUBA:

EN RESPUESTA A SU CARTA, NOS PLACE AUTORIZAROS EN NOMBRE DEL CENTRE CATALÀ, EL CLUB SEPARATISTA DE L'HAVANA Y LA NOVA CATALUNYA, A REPRESENTARLOS EN LA PRESENTACIÓN DE LA CAUSA NACIONAL DE ACUERDO CON EL TEXTO DE LA DECLARACIÓN DEL CENTRE CATALÀ DE L'HAVANA DE AGOSTO DE 1943. (Firmado: Josep Conangla, Presidente. Carles Gubern, Director de "La Nova Catalunya", Joan Torres Picart, Secretario).

(En una carta recibida de Santiago de Cuba, firmada por S. Carbonell y J. Sais Julià, Presidente y Secretario, respectivamente, del Grupo N. R. "Catalunya", dicen: "ENVIAMOS PLENA AUTORIZACIÓN EN EL BIEN ENTENDIDO DE QUE LOS PRINCIPIOS DE LA PLENA INDEPENDENCIA DE CATALUÑA SEAN ACATADOS").

DE ARGENTINA:

US AUTORIZAMOS PLENAMENTE A REPRESENTAR-NOS ANTE LAS NACIONES UNIDAS EN LA EXPOSICIÓN DE LAS ASPIRA-CIONES NACIONALES CATALANAS. (Firmado: Casal Catalunya, Associació Mutualista Montserrat, Protectora Ensenyança Catalana, Comitè Llibertat, Ràdio Hora Catalana, Revista "Ressorgiment", todos de Buenos Aires, y Casal Català de Córdoba, Centre Català de Rosario, Centre Català de La Plata, Centre Català de Bahía Blanca. Firmado: Escolà, Presidente, Joan J. Llorens, Secretario).

La Societat Catalana d'Estudis Econòmics de Buenos Aires envió una carta confirmando la adhesión a los contenidos del telegrama enviado por la Comunitat Catalana de Buenos Aires, en el que se había omitido involuntariamente su nombre.
EN NOMBRE DE LOS CATALANES DE MENDOZA, OS AUTORIZAMOS A ACTUAR DE ACUERDO CON VUESTRO PROGRAMA. (Firmado: Grup Patriòtic Català, Francesc X. Cortada).

DE URUGUAY:
OS AUTORIZAMOS A PRESENTAR NUESTRO PROGRAMA ANTE LAS CANCILLERÍAS. (Firmado: Casal Catalán, Hora Catalana, Associació Protectora Ensenyança Catalana).

DE LA REPÚBLICA DOMINICANA:
APOYAMOS CUALQUIER ACCIÓN EMPRENDIDA POR EL CONSEJO NACIONAL CATALÁN EN LONDRES, DE ACUERDO CON LA POLÍTICA LLEVADA A CABO HASTA AHORA POR EL CONSEJO MENCIONADO. (Firmado: Eduard Barba, Secretario del Club Català).

DE COSTA RICA:
LOS CATALANES NOS ESTAMOS ORGANIZANDO A COSTA RICA, ENVIAREMOS AUTORIZACIÓN EN EL MOMENTO OPORTUNO. (Firmado: Silvestre Isern).

DEL ECUADOR:
AUTORIZAMOS A LA DELEGACIÓN DE NUEVA YORK. (Firmado: L. Vidal Guitart, delegado del Consejo Nacional Catalán en Guayaquil).

DE VENEZUELA:
LOS CATALANES NOS ESTAMOS ORGANIZANDO EN CARACAS, ENVÍO AUTORIZACIÓN EN SU NOMBRE. (Firmado: Dr. August Pi-Sunyer).

DE GUATEMALA:
EN NOMBRE DE LA COLONIA CATALANA DE LA CIUDAD DE GUATEMALA, AUTORIZO LA DELEGACIÓN DE NUEVA YORK A REPRESENTARLA. (Firmado; Enric Segura Guardiola).

APÉNDICE Nº 2b
IMPORTANCIA DE LOS CATALANES EN AMÉRICA LATINA
De un informe del Bureau of Latin American Research, 1714 Rhode Island Avenue, NW Washington, DC núm. M-12, 22 de junio de 1942:

NOTAS SOBRE LOS CATALANES EN AMÉRICA LATINA
(Organizaciones y Publicaciones)

NOTA INTRODUCTORIA

Waldo Frank, en su libro *Virgin Spain*, escribe que "el catalán de España es un forastero en su casa". Esta verdad a menudo se pasa por alto o no se entiende, y la gente se pregunta por qué cuando a un natural de la provincia de Cataluña se le pide su nacionalidad responde "catalán" y no "española".

La "Cuestión Catalana", al igual que la "Cuestión Vasca", ha sido durante mucho tiempo una de las principales preocupaciones de los sucesivos gobiernos españoles, pero no fue hasta el final de la Guerra Civil española que el problema catalán tuvo trascendencia alguna en los asuntos interamericanos. Su extensión en América Latina ha sido provocada por la llegada allí de miles de refugiados catalanes, que, aunque sean súbditos españoles, mantienen su individualidad catalana para mantener el estudio de sus grupos independientemente de los elementos españoles de América Latina.

Los catalanes de América Latina, aproximadamente unos 75.000, son casi todos miembros de centros catalanes o entidades culturales. Todos son militantes antifascistas, porque el fascismo representa la negación de su autonomía regional, y es también contrario a las tradiciones liberales de Cataluña.

Las siguientes notas sobre Cataluña y su cultura se han recogido en entrevistas a dirigentes catalanes en Nueva York y, naturalmente, dan su punto de vista sobre la "Cuestión Catalana". Se presentan aquí sólo para dar antecedentes a la actividad de los grupos catalanes en América Latina y a las premisas sobre las que se fundamentan estas actividades. Este despacho no pronuncia en modo alguno un juicio sobre estas reivindicaciones, para hacer un análisis de la "Cuestión Catalana" sería conveniente escuchar a las diferentes partes en conflicto.

HISTORIA POLÍTICA DE CATALUÑA

Cataluña se convierte en una entidad nacional en el siglo XII. Desde el siglo XIII hasta el XV Cataluña alcanzó la cima de su esplendor político y cultural. Confederada con Aragón, Cataluña preservó la plena soberanía con una dinastía autóctona y el rey catalán era el lazo de unión entre los catalanes y los aragoneses.

Cataluña liberó a las Islas Baleares de los sarracenos, así como las tierras de Valencia, que se convirtieron en territorio catalán. La expansión catalana continuó en Sicilia, Cerdeña, Nápoles, Grecia y Asia Menor.

La decadencia de Cataluña empezó en 1410 cuando, con la muerte del rey catalán, Martín el Humano, el trono catalanoaragonés fue ocupado por un rey castellano, Fernando de Antequera. El matrimonio de Fernando de Aragón e Isabel de Castilla unió los dos grandes reinos peninsulares. El descubrimiento de América, posible con el dinero catalán y el esfuerzo catalán, se llevó a cabo exclusivamente en nombre de Castilla. A los catalanes se les prohibió la participación en la colonización del Nuevo Mundo e incluso se les prohibió comerciar con él. Pero cabe destacar que algunos de los mayores misioneros de la Fe y fundadores de misiones fueron catalanes, como Junípero Serra en California y Sant Xavier en Filipinas.

Cataluña se rebeló contra la creciente dominación de Castilla en 1640 y de nuevo en 1714. Como consecuencia de esta segunda guerra Cataluña perdió sus libertades políticas y se integró en la nación española.

En tiempos modernos, Cataluña adquirió una nueva conciencia de su propia personalidad nacional. En el siglo XX, a través de un esfuerzo cultural y político persistente, Cataluña obtuvo su autonomía con la llegada de la República Española en 1931. El triunfo de Franco en España ha hundido a Cataluña en la sumisión política.

LENGUA Y CULTURA CATALANAS

La lengua catalana evoluciona a partir de el latín vulgar. Tiene su propia personalidad definida como lengua romántica al igual que el francés, el italiano, el castellano, el portugués y el rumano. Como lengua popular es contemporánea de las otras lenguas neolatinas, pero como lengua literaria precede a las otras por siglos.

Los primeros documentos escritos en catalán datan del siglo XI y los primeros textos literarios del XIII. Desde el siglo XIII hasta el XV el catalán fue utilizado en toda su vida pública. Los condes-reyes de Cataluña y Aragón utilizaban el catalán simultáneamente con el latín en las relaciones internacionales.

La primera filosofía en lengua popular está escrita en catalán. El Parlamento de Cataluña fue el más antiguo de Europa continental. La literatura y la ciencia florecieron en todos sus aspectos con el uso del catalán. Ramon Llull, Arnau de Vilanova, Eiximenis y Sibiuda fueron pensadores catalanes medievales. Andreu Febrer fue el primer traductor de la "Divina Comedia" y uno de los grandes poetas de la antigüedad.

IMPORTANCIA ESTRATÉGICA DE CATALUÑA

La importancia de Cataluña en las estrategias bélicas europeas se discute en un libreto titulado "Planes del eje en el Mediterráneo", publicado en 1939 por la London General Press, y prologado por el capitán Lidell Hart.

Al parecer, Alemania quiere crear una fuente de disturbios para Francia en la frontera de los Pirineos, la frontera con Cataluña, para obligar a Francia a mantener varios cuerpos armados a lo largo de esta frontera.

El artículo hace referencia a un libro de Franz Pauser, llamado "Spaniens zum Mittelmeer und die katalanische Frage", (Teubner, Leipzig y Berlín, 1938). El libro forma parte de la serie "Macht und Erde".

Pauser señala cómo Cataluña podría ofrecer una comunicación terrestre uniendo Francia con su imperio africano, y escribe "Realmente, la Gran Cataluña sería un puente terrestre hacia África y sus recursos materiales y humanos. Yo, de hecho, significaría la coalescencia de las tierras y razas *de la plus grande France, la France des cien millions*".

Pauser continúa: "Aunque el proyecto de fundación de una "Cataluña Grande" no llegara, con Cataluña propiamente dicha en conjunción con la isla de Menorca, que todavía no está en manos de Franco, sería suficiente para hacer retroceder el poder marítimo de Italia sobre la base tirrénica y poner en grave peligro, a la vez, la posición italiana en Cerdeña". Esta última frase contiene la razón estratégica de la ofensiva de enero de 1939 contra Cataluña como preparación preliminar de un mayor movimiento contra Francia.

Una página del libreto merece atención:

"Si una Cataluña libre podría tener tanta importancia para la seguridad de Francia, es natural que los escritores alemanes, persiguiendo los planes de cerco de Francia, estén en contra del reconocimiento de cualquier grado de libertad en Cataluña. El general Franco está poniendo en práctica este plan.

"Según Pauser España debe dominar a Cataluña porque es el país más rico de la Península del que se podrían obtener muchos ingresos de la fiscalidad de la riqueza.

"Otro escritor militar alemán, el doctor Hermann Gackenholz, que escribe sobre "La posición de la política militar de España", insiste también en la importancia estratégica que debería tener para Francia un Estado catalán libre. "Por tanto", concluye, "el Gobierno de la España Nacional nunca podrá aceptar la constitución de un Estado Catalán"...

"Italia también sostiene el mismo punto de vista... El doctor Giovanni Ansaldo, escribiendo en 'Il Telegrafo' (Livorno, 17 de enero de 1939) un artículo que expresa la opinión del conde Ciano, afirma que Italia lucha en España contra el imperialismo francés. Según él, desde Carlomagno, siempre ha habido una política francesa dirigida a crear un Estado catalán cuando Francia se ha visto amenazada desde la Península. Italia tiene, en España, intereses directos perfectamente contrarios a los que tiene Francia. Italia está interesada en reconstruir la unidad de España y en crear un estado vigoroso. Los intereses italianos son que la España nacionalista vuelva a ser la dueña de Cataluña".

CATALANES EN EL EXILIO

El gobierno autónomo de Cataluña había dedicado todos los esfuerzos en la reconstrucción de la personalidad de Cataluña, hasta el levantamiento de Franco. En los últimos treinta años se habían reavivado todos los organismos e instituciones, modelos de democracia y libertad.

En tiempos de la guerra civil, Cataluña se encontraba en el umbral de otro período de plena realización de su personalidad. Su gobierno, sus académicos y profesores, sus artistas y escritores, sus hombres de ciencia, médicos, técnicos y trabajadores especializados huyeron a Francia como resultado del exilio masivo cuando Franco entró en Cataluña. En Francia, la cultura y la vida catalanas encontraron refugio. Francia absorbió a hombres de ciencia, profesores, intelectuales y artistas. Estos pueblos, agrupados en torno al gobierno catalán exiliado, se mantuvieron en una unidad compacta para preservar la cultura catalana, y trabajaron para la reconstrucción bajo los auspicios del gobierno francés, las universidades y los intelectuales franceses.[12]

Sin embargo, el hundimiento de Francia hizo muy precaria la posición de los refugiados catalanes en Francia, porque muchos estaban amenazados con ser entregados al gobierno de Franco. De hecho, algunos lo fueron, entre ellos el presidente exiliado de la Generalidad de Cataluña, Lluís Companys, que fue fusilado. Muchos fueron más afortunados, y después de meses en campos de refugiados, encontraron el camino hacia América Latina, donde las pequeñas colonias catalanas ya estaban asentadas y contribuyeron al desarrollo de las repúblicas latinoamericanas.[13] Pero muchos todavía están en Francia.

Los catalanes de América Latina, a través de la pertenencia a sus diferentes clubes y asociaciones, presentan un frente bastante sólido. En Londres se ha constituido un Consejo Catalán, encabezado por Carles Pi i Sunyer, y se ha recibido de forma extraoficial en el Foreign Office. Recientemente se ha establecido en Nueva York una delegación del Consejo de Londres de los Estados Unidos y está integrada por J. M. Fontanals, J. Ventura Sureda, J. Carner-Ribalta y J. A. Gibernau (secretario general). La delegación citada se registró en el Departamento de Estado el 28 de marzo de 1942.

---

12 Cataluña en el exilio organizó manifestaciones artísticas que recibieron una gran admiración. Se editó un resumen gráfico de arte catalán, "L'Art Catalan", bajo los auspicios de la Direction Generale des Beaux Arts, Ministere d'Instruction Publique de France.

13 El papel de los catalanes en la historia de Buenos Aires y Argentina durante las campañas de 1808-09 se sigue en *Los catalanes en la Argentina*, de R. Monner Sans (1927). La participación de los catalanes en los asuntos cubanos se relata en 1898 en *Los catalanes en América: Cuba*, de Carlos Martí (1918).

En febrero de 1940, el Casal Català de Nova York emitió un manifiesto[14] en todos los centros de América Latina, por el que se instaba a celebrar un congreso de centros catalanes en Nueva York para crear una "Federación de Entidades Catalanas de América" para dotar a los catalanes en el exilio de un órgano de dirección centralizado bajo la dirección de un catalán destacado. Aunque casi todos los grupos latinoamericanos favorecieron la propuesta, afirmaron que no estaban en condiciones de enviar delegados, por lo que el congreso nunca se celebró. El catalán cuyo nombre se mencionaba con mayor frecuencia como posible líder de los catalanes en el exilio era Pablo Casals, el violonchelista. Aunque no existe un vínculo organizado entre los grupos catalanes de América Latina y los grupos de Nueva York y Londres, todos ellos están en estrecho contacto e intentan coordinar al máximo sus actividades.

ORGANIZACIONES CATALANAS EN AMÉRICA LATINA

(El Bureau of Latin American Research termina su informe dando una lista de las organizaciones, publicaciones y unidades de radiodifusión catalanas de este continente, pero ha quedado obsoleto debido a las numerosas incorporaciones y reorganizaciones desde junio de 1942, cuando se emitió el informe. Para una lista bastante completa de estas organizaciones, remitimos al lector a la lista de grupos catalanes de América Latina del apéndice 2a.)

APÉNDICE No. 3

ESPAÑA, UN PAÍS PLURINACIONAL

Del ensayo "Suggested Bases for British Policy to Spain", de William C. Atkinson. - "The Fortnightly" review, Londres, febrero de 1945:

Los estudiantes de España saben que en ese país no hay una realidad más inmediata y más persistente que la cuestión autonómica. España todavía es plural en un sentido en el que Gran Bretaña hace tiempo que ha dejado de serlo. Cataluña y las provincias vascas tienen sus diferentes lenguas, tradiciones de administración y visión política, afinidades culturales e intereses económicos, constituyendo un sentimiento de nacionalismo más vivo y explosivo cuando el centralismo castellano tiene más confianza de haberlo extinguido. No es casual que estas dos regiones sean indiscutiblemente las más progresistas, las

---

14   El "Casal Català" de Nueva York publica un innovador periódico editado en catalán y en inglés, llamado "Free Catalonia". Tiene, entre sus finalidades, explicar la política americana en las colonias de América Latina y, a su vez, presentar en Estados Unidos los puntos destacados de la "Cuestión Catalana", y el posible programa para la reconstrucción política de España después de la guerra.

más occidentales en perspectiva y las más maduras políticamente de España; pero, por esta razón, el problema del pasado sólo se ha agravado, porque el orgullo castellano encuentra difícil el reconocimiento, y tarda en darse cuenta de que a menudo es la castellana, y no la catalana o la vasca, la intransigencia que impide la integración de los tres en una unidad española superior. Cuando los elementos de una nación están dispuestos a tomar las armas en defensa de sus derechos, es razonable la suposición de que existe un caso para una investigación objetiva. Catalanes y vascos no son la excepción a la generalización de ese criterio.

APÉNDICE No. 4

PROCLAMACIÓN DE LA REPÚBLICA CATALANA
por el Presidente Francesc Macià, el 14 de abril de 1931.

"¡Pueblo de Cataluña!

En nombre del pueblo de Cataluña proclamo el Estado Catalán, que con toda cordialidad procuraremos integrar dentro de la Federación de Repúblicas Ibéricas.

A partir de ahora se forma el Gobierno de la República Catalana que se reunirá en el Palau de la Generalitat.

Aquellos que formen el Gobierno de Cataluña estaremos dispuestos a defender las libertades de los catalanes y, en adelante, estaremos preparados, como todos, para morir por Cataluña y la República."

(traducido del catalán)

APÉNDICE No. 5

PROCLAMACIÓN DEL ESTADO CATALÁN
por el Presidente Lluís Companys, el 6 de octubre de 1934.

"Catalans!

"En aquesta hora solemne, en nom del poble i del Parlament, el Govern que presideixo assumeix totes les facultats del Poder a Catalunya (i) proclama l'Estat Català de la República Federal Espanyola..."

Traducción: (En esta hora solemne, en nombre del pueblo y del Parlamento, el Gobierno que presido asume todas las facultades del Poder en Cataluña (y) proclama el Estado Catalán de la República Federal Española ...)

APÉNDICE No. 6

CATALUÑA PRIVADA DE SUS DERECHOS NACIONALES BAJO LA MONARQUÍA ESPAÑOLA, LA REPÚBLICA ESPAÑOLA Y EL RÉGIMEN FASCISTA ESPAÑOL

- Del decreto de Felipe V de España, en 1714, invocando el derecho de conquista para abolir las libertades catalanas:

  "Habiendo pacificado por las armas el territorio de Cataluña, toca a mi soberanía establecer gobierno en él."

- Del decreto del Presidente de la República Española del 2 de enero de 1935, por el que se abolía la autonomía catalana otorgada por las Cortes Españolas en 1932:

  "Art. 1º - Quedan en suspenso las facultades conferidas por el Estatuto de Cataluña…"

- Del decreto de Franco del 5 de abril de 1938, que revoca definitivamente el Estatuto de Cataluña:

  "… el Estatuto de Cataluña, en mala hora concedido por la República, dejó de ser válido, en el orden jurídico español, el día 17 de julio de 1936.

  "… la entrada de nuestras gloriosas armas en territorio catalán[15]… plantea el problema… de restaurar… el principio de la Unidad de la Patria… etc."

APÉNDICE Nº 7

ESPAÑA versus CATALUÑA

Bajo el título "España frente a Cataluña", A. Sieberer, periodista austríaco, ha publicado un libro bien informado, del que citamos:

"En el siglo XV Castilla tenía, dentro de su dominio establecido por la fuerza, riquezas, y éxito, todos los pueblos de la península Ibérica… El levantamiento simultáneo de Portugal y Cataluña… fue un signo del agotamiento del poder castellano. Las fuerzas periféricas empezaron a superar las del centro. Portugal logró su independencia; Cataluña tuvo que volver al yugo austro-español. La rebelión de 1640 es una prueba clara de que Castilla no había logrado su intento de asimilar a los pueblos ibéricos y fusionarlos en una nación española unificada.

"Los castellanos han conservado de sus viejos tiempos de gloria una arrogancia desmedida. Se consideran el eje vertebrador de España; se comportan como si pertenecieran a un grado superior de civilización que les da derecho a dominar a las demás razas de España… Mientras esta idea arbitraria de valores permanezca en la mente de los castellanos, no habrá paz en el país.

---

15   Observe la invocación del derecho de conquista en términos idénticos a Felipe V, en 1714.

"... Es una locura intentar imponerse a la unión entre las diferentes partes de un gran estado, cuando estos núcleos han llegado a la mayoría de edad, y cuando ya no se tiene el poder de conseguirlo por la fuerza. Esto es fruto de un espíritu poco razonable y caprichoso, desprovisto del conocimiento de la realidad e ignorante del sentido de cómo utilizar la fuerza. Ésta es la razón por la que España ha perdido todas sus colonias y mantiene una agitación inacabable dentro del país.

"La incapacidad de los castellanos para vivir en comunidad sincera con hermanos de igualdad de derechos; su incapacidad para considerar los ideales y particularidades de los demás tan legítimos como los suyos; la incapacidad de la abnegación democrática, son las causas de la decadencia de España. Castilla no sólo ha esparcido la semilla de la discordia con su centralismo indisciplinado, sino que también se ha privado de las fuerzas naturales y distintas del desarrollo de España misma. El ideal de Castilla es comparable a una cabeza de oro sobre una estatua de arcilla.

"Este espíritu dominante y este furor asimilador sigue haciendo víctimas. El campo es cada día más pequeño, pero Cataluña ha sido elegida como víctima principal".

LAS RELACIONES POLÍTICAS ENTRE LOS PUEBLOS IBÉRICOS
La Societat Catalana d'Estudis Polítics, Econòmics i Socials, establecida en Buenos Aires, ha emitido el siguiente comunicado, firmado por el presidente Pelai Sala, Joan Cuatrecasas y P. Mas i Parera:
"La península Ibérica forma un conjunto geográfico de pueblos sobre los que, en distintos momentos de la historia, uno de ellos ha intentado construir una unidad política. Los resultados han sido varios. El hecho de que, en los últimos tiempos, el intento de establecer y consolidar esta unidad política se haya llevado a cabo bajo la forma de un estado unitario, ignorando todas las características étnicas y lingüísticas de los distintos pueblos ibéricos, ha generado mucho descontento e incluso reacciones violentas de los diferentes colectivos hacia el coadjutor del Estado español.
"En Castilla la idea de estado absolutista es preponderante y ésta ha sido la causa de guerras y de una enorme cantidad de energías perdidas al intentar imponer este tipo de estado. Y como el absolutismo no es una ley, sino fuerza y compulsión, durante los últimos siglos los íberos han vivido una revuelta permanentemente latente. Esto ha dado a los núcleos que podrían haberse convertido en vehículos normales de orden y consolidación, una apariencia de elementos perturbadores de la vida del Estado español.

"Sin embargo, a través de su política asimiladora, Castilla ha logrado reducir a su forma de vida varios de los pueblos que en la Edad Media habían alcanzado una forma más o menos perfecta de vida de estado propia. Pero no ha logrado reducir algunos otros. Por ello, el intento de unidad política en la Península iniciado a finales del siglo XV con el pretexto de una unión católica, no ha tenido éxito como esperaban sus iniciadores y continuadores. Un Portugal independiente es la mejor prueba de ello. Por otra parte, la subsistencia, a través de todas las vicisitudes, de naciones vivas como los grupos étnico-lingüísticos del País Vasco-Navarra, Cataluña-Valencia-Islas Baleares y Galicia-Portugal, es una prueba más del fracaso de la forma unitaria que Castilla ha intentado imponer para mantener unido al Estado español.

"Para la prosperidad de todas y cada una de las naciones peninsulares -Castilla, Cataluña, País Vasco y Galicia-Portugal- y para la normalización de su interrelación, es muy urgente llevar a cabo una reorganización total de su vida política, a partir de (1) una auténtica conciliación de las diferentes reivindicaciones de la soberanía nacional, (2) un verdadero espíritu de cooperación que eliminaría cualquier ambición hegemónica de cualquier grupo en particular, y (3) un sentido general del deber de cada nación peninsular de contribuir a la reconstrucción y la paz de Europa y la prosperidad del mundo.

"CONCLUSIONES: 1) Ni un estado unitario español, ni una política de concesiones autonómicas precarias, ni una separación total de las distintas nacionalidades, llevarían al cumplimiento de la misión reservada a cada uno de los pueblos ibéricos en las corrientes actuales de cooperación internacional, solidaridad humana y democracia universal. 2) Las relaciones políticas entre las nacionalidades ibéricas deben orientarse a promover una colaboración mutua de los diferentes pueblos, dentro de un régimen de respeto y confianza recíprocos, de modo que cada nacionalidad pueda elaborar su destino en beneficio general del complejo ibérico.

APÉNDICE Nº 8

LA RECONSTRUCCIÓN POLÍTICA DE LA PENÍNSULA IBÉRICA

De una Declaración del Consejo Nacional Catalán en Londres, firmada por su presidente, Carles Pi-Sunyer, el 24 de agosto de 1944:

"Los catalanes tenemos una concepción profunda y seria de España, una concepción que emana de nuestra conciencia y la mentalidad catalanas.

"En el transcurso de las generaciones y de muchas formas hemos intentado armonizar la realidad inquebrantable de la individualidad natural de

Cataluña con una organización política de la Península que hiciera posible no sólo la tolerancia sino también la colaboración activa. Los catalanes sí creían que la República Española demostraría el tipo de régimen en el que se conseguirían estos objetivos, siempre que prevaleciera la lealtad. Pero los acontecimientos, desde entonces, marcaron profundamente el alma catalana. La última guerra civil y la posterior represión fascista han influido irrevocablemente, tan profundamente como lo hicieron los hechos de 1640 y 1714, en el curso de la historia catalana. El bombardeo de nuestras ciudades, la invasión de nuestro suelo, la derogación violenta de nuestro Estatut (autonomía) -que nuestro pueblo había obtenido por plebiscito y las Cortes habían sancionado e incorporado a la Constitución española-, la derogación de nuestras leyes, el destierro de nuestra lengua nacional, la supresión de nuestra cultura, el intento de dispersión de nuestras industrias, el asesinato de nuestro presidente Lluís Companys, son atrocidades que no pueden cometerse contra una nación tan vital y tan consciente como la nuestra, sin generar consecuencias fatales. Ningún demócrata español puede esperar a que los catalanes se engañen a sí mismos, o cierren los ojos a las realidades y dejen de luchar por hacer imposible la repetición del trágico pasado. Cataluña nunca actuará con rencor o venganza, pero la previsión y responsabilidad más elementales hacen imprescindible que los dirigentes de Cataluña tengan presentes las lecciones como advertencia para el futuro.

"Estamos convencidos de que ha llegado el momento de un cambio radical en la estructura política de España, y los catalanes ayudaremos de corazón a los estadistas con la visión y la voluntad de crear la nueva Mancomunidad Hispánica. Allí encontrará su expresión la unidad orgánica de sus distintas naciones miembros a través de la independencia de cada una y la interdependencia de todas ellas. Cada uno de ellos debe tener derecho a autogobernarse libremente y debe resolver en conjunto, en igualdad de condiciones, los problemas que son comunes a todos ellos.

"Esta es una solución que los catalanes amamos profundamente y que, por cierto, se ajusta perfectamente a los principios de organización política vigentes. La confederación, como medio de integración de naciones afines, es una fórmula catalana desde la Edad Media. Y un catalán -Pi i Margall- fue uno de los exponentes más ilustres de la Federación Ibérica como sistema político moderno. Añadamos que el camino labrado por comunidades de pueblos tan grandes como la Mancomunidad Británica de Naciones, Estados Unidos de América y la Unión de Repúblicas Soviéticas interpreta plenamente las ideas catalanas sobre la cuestión y ofrece la solución, tal y como propone Cataluña, al más arduo de todos los problemas peninsulares.

"Nos hubiera gustado que la democracia española, consciente de la importancia y trascendencia del momento presente, hubiera visto nuestra actitud abierta y leal sin sospecha, y que aceptase la sinceridad, la positividad, la fecundidad y la promesa de futuro que contiene. El unitarismo antiguo, de origen no hispano, que tantas veces ha perturbado las relaciones entre las nacionalidades que componen el Estado español, es una amenaza igualmente mortal para la propia Castilla. Los castellanos serán condenados a vivir bajo la dictadura perpetua si están decididos a preservar el unitarismo, porque sólo un régimen de fuerza puede mantener bajo dominación a las nacionalidades periféricas.

"La causa de la democracia en España está inseparablemente ligada a la de la libertad de sus nacionalidades. Solo en verdadera democracia y libertad puede existir un clima político adecuado en el que la solución de todos los problemas hispánicos sea posible. Y ni la democracia ni la liberación pueden prevalecer si las relaciones entre los pueblos se basan en la justicia y no en el abuso de poder. Nuestra actitud es cordial, responsable y constructiva. Ofrecemos la mano a los demócratas españoles y confiamos en que ofrecerán la suya, para que, entre todos, podamos empezar nuestro camino para liberar nuestras patrias esclavizadas."

PARA ESTABLECER EL ORDEN EN ESPAÑA
De un Memorándum presentado por la Delegación de los Estados Unidos del Consejo Nacional Catalán de Londres en el Bureau of Nationalities de Washington:
"Al presentar este plan para establecer el orden en España, inmediatamente después de la caída de Franco y del régimen fascista, es necesario limitarnos necesariamente a Cataluña. Deberían elaborarse planes similares para el resto de los territorios de la antigua República Española.
"Creemos firmemente que ninguna reorganización política de España es posible si no se tiene en cuenta la estructura política y étnica real de su territorio. Independientemente de la oficialidad y la organización de España en los últimos años, a efectos de restaurar el orden y para una reorganización política, España debe considerarse lo que es en realidad: un país plurinacional. El antiguo estado unitario y centralizado español estará dividido territorialmente para dotar de personalidad jurídica a sus diferentes pueblos o nacionalidades: castellanos, catalanes, vascos y gallegos.

"Al recomendar estas medidas drásticas lo hacemos con la convicción de que es la única forma de hacer frente a la complejidad del problema español y porque sabemos que cualquier esfuerzo de reorganización política basado en otros términos estará condenado al fracaso. La acción de las Naciones Unidas para establecer momentáneamente estas divisiones territoriales estará plenamente justificada, sobre todo si se indica claramente que se hace con el fin de conseguir la simplicidad y el orden de estos territorios.

"Ciertamente sería una tarea ardua, si no del todo imposible, pacificar y reorganizar desde un punto central como es Madrid los distintos territorios de la Península. En términos generales, los problemas de estos territorios son radicalmente distintos, y muchas veces opuestos a los de Castilla.

"Otra ventaja en esta división sería la creación de los gobiernos territoriales a través de los cuales se podría establecer finalmente una Confederación de pueblos ibéricos, como uno de los grupos de los Estados Unidos de Europa.

"De acuerdo con las consideraciones anteriores, presentamos el siguiente plan de reorganización de Cataluña, que se pondrá en marcha inmediatamente después de la caída del régimen de Franco".

a) Se establecerá en Barcelona un Gobierno provisional de Cataluña (integrado exclusivamente por dirigentes catalanes). Este Gobierno o Comité provisional será responsable sólo ante las Naciones Unidas del mantenimiento del orden en Cataluña y trabajará en plena colaboración con la AMG [Allied Military Government]. (Previa solicitud, proporcionaremos una lista de dirigentes catalanes adecuados para ser nombrados en esta Comisión o Gobierno Provisional).

b) La base de funcionamiento de este Gobierno catalán será la Carta Constitucional de Cataluña conocida como "Estatuto Interior de Cataluña" tal y como ha votado el Parlamento de Cataluña, esta Carta o Estatuto se mantendrá en vigor hasta que se restituya el derecho de autodeterminación a los catalanes.

c) El Gobierno provisional de Cataluña (que posteriormente podría ser el representante del pueblo catalán en cualquier propuesta de Confederación de las Naciones Ibéricas) en el momento de la toma de posesión emitirá una Proclama en la que:

"El Gobierno Provisional de Cataluña, totalmente apoyado por las Naciones Unidas, se constituye con el fin de restablecer el orden y la paz. La vida individual, la propiedad privada, las relaciones sociales y los credos individuales, están garantizados a todos los ciudadanos respetuosos de la ley. Todos los partidos y tendencias políticas o sociales se declaran legales y con libertad de funcionamiento, pero sus aspiraciones y programas individuales estarán momentáneamente sujetos a las medidas adoptadas para el mantenimiento del orden.

El Gobierno provisional de Cataluña reconoce el derecho a la autodeterminación del pueblo catalán y, en cuanto la situación lo permita, llevará a cabo los plebiscitos necesarios para que todas las aspiraciones nacionales, políticas y sociales puedan ser legalmente establecidas de acuerdo con la voluntad popular."

Se hará una Proclamación adicional a efectos de que:

"El Gobierno catalán provisional procederá inmediatamente a la constitución de tribunales de justicia para examinar y juzgar todos los casos de agravios que se reciban desde el estallido de la Guerra Civil española en julio de 1936, incluido el período de posguerra hasta la actualidad, tanto en casos de bienes como de daños personales. Se declara por la presente que cualquier persona que se tome la justicia por su mano y sea culpable de un acto de venganza será severamente castigada, aunque sea necesario, con pena de muerte."

d) El Gobierno catalán provisional estará formado por los siguientes departamentos o consejerías: Presidencia, Interior, Justicia, Servicios Públicos, Economía, Trabajo, Educación y Saneamiento. Los cuatro problemas principales que el Gobierno solucionará de inmediato son: Distribución de Alimentos, Servicios Públicos, Orden Público, Comunicaciones.

Se establecerán idénticos Gobiernos o Comités en Madrid, Bilbao y La Coruña, para los otros tres territorios, a saber, Castilla, País Vasco y Galicia.

LA ACTITUD CATALANA ANTE LA CUESTIÓN DE UNA RESTAURACIÓN MONÁRQUICA EN ESPAÑA

Del comunicado emitido por el Consejo Nacional Catalán de Londres:
POR QUÉ LOS CATALANES NO PODEMOS SER PARTE DE UNA RESTAURACIÓN: LA MONARQUÍA NO PUEDE RESOLVER NINGUNO DE LOS PROBLEMAS FUNDAMENTALES DE ESPAÑA - SU FRACASO PROVOCARÁ OTRA REVOLUCIÓN.

La experiencia pasada de los catalanes con la Monarquía, el papel que los realistas jugaron contra Cataluña en la Guerra Civil, sus ideas sobre el problema de las nacionalidades, y la proclamación del Pretendiente desde Roma y Lausana, con su arpa sobre la "unidad de España" y la restauración de la "Monarquía tradicionalista o absoluta", todos estos hechos impiden que los catalanes se hagan ilusiones sobre la Monarquía. No puede ser democrático; tampoco puede resolver el problema de las nacionalidades.

Hasta ahora, el Pretendiente no ha dado ningún atisbo de que una monarquía restaurada disminuya su tradicional hostilidad hacia las nacionalidades no castellanas. Incluso si sus promesas fueran justas, una monarquía, mucho menos que una república, no puede ofrecer ninguna garantía de que la autonomía no vuelva a ser abolida por un dictador o un "pronunciamiento".

Un golpe de estado por parte de un grupo de generales parece la mejor esperanza del Pretendiente de convertirse en rey. La aristocracia terrateniente de Castilla parece ser la única clase dispuesta a dar su apoyo unánime y de todo corazón a la Corona. Son indicios claros de que la Monarquía, además de no ser genuinamente democrática, no será capaz de resolver los problemas fundamentales de España (como, al menos, el militarismo castellano, o el problema agrario de Andalucía, Extremadura y Castilla).

Un bien conocido grupo de financieros internacionales, y quizás ciertos industriales, también apoyarán una restauración. Pero a la Corona no se le podría prometer ningún apoyo de la mayoría del pueblo. Crear una mayoría realista en el Parlamento mediante elecciones genuinas sería prácticamente imposible. El Pretendiente, pues, habla de la restauración de la Monarquía tradicionalista o absoluta que «no debe su poder a ninguna elección, no necesita comprometerse con nadie... sólo necesita consolidar su propia autoridad» (Proclamación emitida en Roma, 28 de febrero de 1942).

No hay líder destacado a la vista, ni ningún grupo suficientemente numeroso de políticos capaces y experimentados, que pudiera hacer triunfar una restauración. El Sr. Ventosa, bien equipado como está, nunca será aceptado como líder por los catalanes, y menos aún por los castellanos. Este último punto tiene una importancia decisiva para un régimen esencialmente español como la Monarquía. Sea como fuere lo que los realistas le prometan, y sean cuales sean sus ventajas iniciales, las fuerzas que trabajan en torno a la Corona producirán tarde o temprano los mismos resultados que antes de la caída de la Monarquía. Sólo otra serie de decepciones y fracasos recompensará a los nuevos intentos del Sr. Ventosa de cooperar con la Monarquía.

La Monarquía ha dejado de ser un ideal capaz de encender el corazón y la mente de la mayoría de la gente de España. El ideal republicano, si se utiliza con prudencia por los no realistas, pronto recuperará su fuerza radical, sobre todo porque el pueblo considera que la República era su régimen, y sólo le fue arrebatada por las clases altas españolas en alianza con los extranjeros, los nazis alemanes y los fascistas italianos. Esta fusión del sentimiento nacional y popular, si se gestiona mal, puede resultar un material altamente explosivo.

Al parecer, algunas personas tienen la esperanza de que, si el rey concede una amnistía al mayor número de personas en prisión y en los campos de concentración, habrá un repunte de gratitud y simpatía hacia él. Pero esto es una grave mala interpretación del espíritu español, y como medida de política práctica sería un fracaso.

Ni los presos ni sus familiares han olvidado que los realistas se unieron a los falangistas en la lucha contra los republicanos, que ha habido ministros realistas en el gabinete del general Franco, y que la Ley de responsabilidades políticas lleva la firma de un ministro realista (tradicionalista).

Las ideas del bien y del mal, de la justicia y la injusticia, se sienten profundamente en el corazón de todos los pueblos españoles. Distinguirán claramente lo que les parece un favor de lo que es un simple cese de una injusticia. Además, la persecución sólo fortalece a las personas en sus convicciones. Las personas que han sufrido por sus convicciones republicanas o socialistas, o por su patriotismo catalán o vasco, no se convertirán en partidarios de un rey sólo para que les conceda una amnistía. Todos los pueblos españoles tienen demasiado respeto por sus ideales.

Las distintas proclamas emitidas por el Pretendiente han suscitado muchos recelos. De sus frases florecidas no emergen ideas concretas o constructivas para el futuro del país, nada a punto de pacificar la mente y el corazón de los ciudadanos de todas las clases y reunirlos; nada sobre qué política seguir en relación con las nacionalidades, o cómo afrontar los problemas económicos y sociales de la posguerra; ninguna solución a ningún problema fundamental como la cuestión agraria, la educación, el Ejército o la reorganización de la función pública; sobre todo, nada de ninguna política para mantener el orden. El silencio sobre todos estos puntos hace pensar que la Monarquía pretende seguir su antigua política de minimizar los problemas existentes, o cerrarles los ojos con la esperanza de que así desaparezcan, o —lo que sería peor— utilizar la fuerza de un régimen absoluto para suprimirlos.

La mera existencia de un rey en el trono en Madrid no producirá mágicamente una solución para España. Monarquía y República se han convertido en sólo etiquetas: lo importante son las fuerzas subyacentes, y su capacidad para encontrar una solución a los problemas que afectan a la organización y la existencia misma de los pueblos españoles.

El paso de los años confirmará lo que ahora puede preverse: que otra restauración de la Monarquía que ha gobernado España de forma intermitente durante los últimos 150 años volverá a terminar en fracaso y revolución. Otra convulsión para expulsar a una monarquía absoluta en bancarrota que sólo ha sido reforzada por las clases altas, junto con el auge del sentimiento nacional y popular mencionado anteriormente, tomada en relación con los movimientos de la revolución de otras fuentes que hierven por toda Europa, puede resultar más desastrosa, especialmente para la causa de las democracias en Europa occidental. Los demócratas y los patriotas catalanes tiemblan al darse cuenta de que su país se verá sumergido en otra revolución si vuelve a ponerse en marcha el fatal péndulo español.

PARA RESUMIR:

La Monarquía sólo contará con el apoyo de la aristocracia terrateniente de Castilla, algunos generales, un grupo de financieros internacionales y quizás algunos industriales —pero no de la mayoría del pueblo.

La Monarquía, por tanto, necesariamente deberá ser un régimen absoluto y no democrático.

Esta monarquía no será capaz de resolver el problema de las nacionalidades ni otro problema fundamental de España.

La Monarquía, al cabo de unos años, será un fracaso, y los pueblos españoles volverán a ser arrojados a la revolución.

Así pues, la Monarquía, finalmente, fracasará incluso en lo que es su propósito fundamental: mantener el orden y prevenir la revolución.

Siendo éste un proceso predecible lógicamente, los catalanes no tienen interés en embarcarse en la peligrosa aventura de una restauración monárquica.

COMO SUSTITUIR A FRANCO EN ESPAÑA

De un artículo de "Free Catalonia", publicado por patriotas catalanes en Nueva York. (13 de septiembre de 1944).

"Una de las preocupaciones de las Naciones Unidas, especialmente de los Estados Unidos e Inglaterra, parece ser cómo encontrar una salida a la insostenible situación española, concretamente cómo eliminar a Franco y sustituir al régimen falangista. Esta preocupación se muestra en las ideas salvajes que aparentemente se han planteado en los últimos meses tanto en Londres como en Washington. Nos referimos especialmente al plan de restauración de la monarquía borbónica en la persona de Don Juan; a la implantación de un directorio eclesiástico-militar encabezado por el cardenal Segura y algún Darlan español, y finalmente, pero no menos importante, a la idea de que la mejor solución podría ser la prolongación del liderazgo de Franco, con un régimen nominalmente democratizado como el de Portugal bajo Salazar.

"Afortunadamente, todas estas ideas brillantes han caído por su propio peso y las Naciones Unidas se encuentran de nuevo en la misma situación respecto a la situación española de hace seis meses.

"¡Pero hay una fórmula para sustituir a Franco y el régimen falangista en España! No es una panacea mágica ni ninguno de esos bellos esquemas que los planificadores de última hornada nos ofrecen día sí día no. Nuestra solución se basa en el conocimiento íntimo de la situación española y en la esmerada apreciación de las reacciones de la gente en España.

"Sabemos que la principal preocupación de las Naciones Unidas no es, en particular, la solución definitiva que prevalecerá en España y que restablecerá la libertad y la paz en la Península Ibérica. Esta solución definitiva será la lógica, es decir, la derivada de los principios de la Carta Atlántica y de la normativa establecida en la Conferencia de Paz o lo que sea equivalente.

"En la actualidad, el problema es encontrar la fórmula intermedia que permita una suave transición del fascismo a la democracia, una fórmula cuya principal virtud debería ser evitar una revolución cruenta en el territorio español. Esta es la fórmula que vamos a sugerir, y la derivamos simplemente de la voluntad del propio pueblo español.

"Pero el éxito de nuestra recomendación dependerá de la voluntad y la firme decisión de las Naciones Unidas para resolver, de forma expeditiva, la miserable situación de España. No queremos decir con ello que deba aplicarse en España el "tratamiento búlgaro" al estilo ruso. No es necesario. No hace falta hacer ninguna declaración de guerra ni una ruptura de relaciones con Franco. Ningún ejército necesita estar estacionado en la frontera española. Sólo hace falta que las Naciones Unidas haga saber a Franco que ha llegado el momento de su reverencia definitiva.

"Algunas almas cándidas pueden suponer que Franco insistirá en sentarse un poco más a su trono dictatorial; que se ofrecerá para comportarse y convertirse en 100% democrático. Creer que ésta sería la reacción de Franco demostraría un conocimiento muy pobre de la naturaleza humana y de la psicología del acosador. Franco estará más que agradecido a los Aliados por una salida tan elegante y segura. Un pasaporte en Portugal podría ser la atracción momentánea, pero eso no le absuelve de sus crímenes como criminal de guerra. Otros medios de persuasión pueden ser la mención casual de las fuerzas clandestinas españolas, de las que ya es consciente, y de la desaconsejable conveniencia de su presencia en España frente al triunfo popular en unas elecciones democráticas.

"Así que Franco se haya ido, la cuestión es nombrar a las personas adecuadas que estén dispuestas a aceptar la responsabilidad del mantenimiento del orden en España. Las Naciones Unidas no tendrán que mezclarse en los asuntos internos de España, pero su mero apoyo a los dirigentes designados cubrirá cualquier falla en el buen sentido de los españoles liberados.

"Sin embargo, habrá que tener cierto cuidado en la elección de los dirigentes para el gobierno y la administración provisional de la Península. No queremos plantear aquí los complejos problemas de legitimidad ni los de la representación más o menos amplia que reclaman los diferentes dirigentes. Es un asunto que la gente de España resolverá ella misma junto con los dirigentes provisionales designados, al igual que en Francia se está resolviendo este asunto.

"Sólo hablamos por razones de viabilidad y por el propio interés del orden que debemos asegurar. En el nombramiento de las autoridades provisionales para la sustitución de Franco y la sustitución del régimen falangista, habrá que tener presentes algunos problemas básicos en España. No es una cuestión de personalidades ni siquiera de la filiación política de los dirigentes seleccionados. Nos referimos sobre todo al carácter plurinacional peninsular.

"No es aquí el sitio para hablar de las aspiraciones políticas de las nacionalidades ibéricas (Cataluña, País Vasco, Galicia y España propiamente dicha, esta última formada por las tierras de habla castellana). Pero sólo los líderes individuales de cada uno de estos territorios pueden efectivamente hacerse responsables, ante las Naciones Unidas, del mantenimiento del orden en su sector del país. Intentar mantener el orden y organizar una nueva vida en España, aunque sea provisionalmente desde un punto determinado, esto es, Madrid, sería una invitación al fracaso. Además, los movimientos patrióticos y clandestinos en la Península se organizan según esta división básica. Por supuesto, todas las fuerzas se unirán en una acción común, pero las órdenes dadas a la población de Cataluña y País Vasco, por ejemplo, no serán realmente efectivas si no las dan sus propios dirigentes catalanes y vascos. Por tanto, la fórmula propuesta se podría resumir de la siguiente manera:

a)   Presión diplomática sobre Franco por parte de las Naciones Unidas, conminándole a renunciar a su régimen.

b)   Instauración de gobiernos locales en Castilla, Cataluña, País Vasco y Galicia con el fin de restablecer el orden público y dar el paso a la vida democrática.

c)   Referendos en Castilla, Cataluña, País Vasco y Galicia para determinar sus aspiraciones en la reconstrucción política de la Península Ibérica.

d) Constitución de un Comité Ibérico en el que los delegados castellanos, catalanes, vascos y gallegos, en igualdad de derechos, discutirán la fórmula del nuevo Estado español o ibérico, de acuerdo con la voluntad manifestada por sus pueblos.

"Estamos seguros de que los resultados de este procedimiento serán un paso suave del fascismo a la democracia, sin que se produzca un sangriento trasiego; una satisfacción general en todos los sectores de la Península, en este primer paso hacia la libertad; y; finalmente, una Confederación de Pueblos Ibéricos (Estados Unidos de España o Iberia) (a la que también se puede invitar a Portugal), y que encajará perfectamente en la reconstrucción general de Europa según los planes de las Naciones Unidas."

Publicado y distribuido por el
CONSEJO NACIONAL CATALÁN
(Delegación en Estados Unidos)
239 West 14th Street, New York, USA

Impreso en EE.UU. CANALS PRESS